本书是畅销书《中国式营销》的姊妹篇

Brain Scanning of Marketing Idea

营销思维脑扫描

中国式解构

詹志方◎著

图书在版编目(CIP)数据

营销思维脑扫描:中国式解构/詹志方著. —北京:北京大学出版社,2012.3
ISBN 978-7-301-20102-2

Ⅰ. ①营… Ⅱ. ①詹… Ⅲ. 市场营销学-研究-中国 Ⅳ. ①F723.0

中国版本图书馆 CIP 数据核字(2012)第 009894 号

书　　名：	营销思维脑扫描——中国式解构
著作责任者：	詹志方　著
责任编辑：	仙　妍
标准书号：	ISBN 978-7-301-20102-2/F・3032
出版发行：	北京大学出版社
地　　址：	北京市海淀区成府路 205 号　100871
网　　址：	http://www.pup.cn
电　　话：	邮购部 62752015　发行部 62750672　编辑部 62752926
	出版部 62754962
电子邮箱：	em@pup.cn
印　刷　者：	北京宏伟双华印刷有限公司
经　销　者：	新华书店
	730 毫米×980 毫米　16 开本　13.25 印张　180 千字
	2012 年 3 月第 1 版　2012 年 3 月第 1 次印刷
印　　数：	0001—5000 册
定　　价：	32.00 元

未经许可,不得以任何方式复制或抄袭本书之部分或全部内容。
版权所有,侵权必究
举报电话:010-62752024　电子邮箱:fd@pup.pku.edu.cn

写在前面

曾经为这本书付出得太多！有青春年华，有身体健康，有职业前程！如果不为它，或许我的生活是另一番状况。

我不得不首先感谢我的家人对我的支持，只有这样的家人，才会支持一个绝对理想主义的我！这本书是我理想主义情怀的结晶，也是我从事经济管理专业十几年来的总结，更是对支持理解关爱我的人的一个交代。从1998年读经济学研究生以来，为了追寻一种既有高度又能落地的理论，我一直在不停地换专业，也一直在不停地学习和实践。生活中除了学习和管理实践，就是学习和管理实践！常常努力到忘记了生活的本质！

我是努力的，也是幸运的，因为我在2003年很幸运地成为武汉大学甘碧群教授的关门弟子，2006年博士毕业后，又很幸运地成为香港城市大学周南教授的开门博士后弟子。在营销学术界，拥有如此学缘的同代人，仅我一个。

努力一定有结果，努力不一定有好结果。勤奋努力学习最大的结果是：我在上课的时候，学生听到如痴如醉；在培训的时候，很多人质问我的年龄——他们不相信如此年纪能讲出如此深的实用道理。除此之外，只能用"无咎无誉"、"无成有终"来描述我的结果了。当我的同学已经评上了博导的时候，我依然是副教授。因为在规范的学术道路上，我停止了五年。这五年，我不断到公司实践学

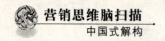

习,依然在追逐既有高度又能落地的理论,一直在理想的路上!对于规范的学术,除了研究方法没丢以外,其他我就做得少了,一心在摸索中国营销的实战真经。然而,要摸索出中国营销的实战真经并不容易!实践中的中国营销并没有像西方教科书那样简单明了。

中国特殊复杂的市场,中国特殊独特的文化,最重要中国人"灵活多变"的脑袋,注定了中国营销实战的多样性,也注定了中国营销不能照搬西方科学营销理论。或许西方STP+4PS经典营销理论能解决一部分企业的营销问题,仿照当今营销实战流行术语,可能比较适合强势营销,不适合弱势营销。

"TCL的速度冲击规模"、"娃哈哈的渠道战略"……中国营销实战像中国人一样,丰富多彩,变化巨大。不能完全用西方经典营销理论来解构!

从管理效率来讲,我们最好有一个"以不变应万变"的营销理论,来应对中国复杂的市场,但是从实践来讲,这是不可能的事情,即使短时间可能,但时间一长,聪明的中国营销人士会不断出奇招,突破固有的营销理论,使得高效率不能持续。

面对此情此景,怎么办?只能透过现象看本质,在变与不变中追寻。经过多年的探索,本书认为,从思维层面来思考中国营销,或许能探寻到部分解。因为思维是变化的、自由的,然而一些思维的习惯总是固定的、有规律可循的。

本书认为营销的本质是一种思维方式。为了通俗易懂,本书主要采用了案例解构主义的手法,用"大白话"来解构这种思维方式。本书着重分析中国营销经典实战案例的底层思维,对中国营销顶级高手的大脑进行深度"扫描",以此透过表象看本质,在变化中抓其不变之本质。本书坚信,虽然因为"战胜不复而应形于无穷",成功的方法不一定能复制,但是成功的营销思维是能复制的,其本质应该是简单的,关键是要挖掘出成功的营销案例、成功营销人士的底层思维。本书就尝试着进行挖掘。

经过上述"脑扫描"方式,本书研究发现中国实战营销思维,本质上表现在三

写在前面

个方面(三度):营销的高度,营销的角度、营销的态度。营销有了更高的高度就自然而然具有势能。营销实战为了更有力,通过"天、人、地"三层思考并构建营销的高度,采取结构来营销。比如"用商业模式来营销",使得营销如高山流水、一发千里。营销有了更妙的角度就自然而然豁然开朗、绝处逢生。营销实战为了更锋利,采取"一阴一阳之谓道"、"反者道之动"的启发,用"替代"和"转型"来构建营销的绝妙角度,使得做营销行云流水,如数家珍。营销有了更好的态度就自然而然坚韧有力、效果卓然。营销实战为了更具有执行力,采取了"一切是自己,自己是一切"的营销"修和行"来践行,使得做营销如击石流水、一如既往而成功成熟。

曾经为这本书的付出有太多!然而这些都过去了,艰辛会随时间而淡忘,可所需要感谢的人是不能忘记的。感谢我的老师,是你们启迪了我;感谢我的学生,是你们支持着我;感谢我的学员,是你们激励着我;感谢我的同仁,是你们鼓舞着我;感谢我的朋友,是你们理解着我;感谢我的亲人,是你们陪伴着我。

特别感谢北大出版社的林君秀主任、叶楠编辑以及其他工作人员!

詹志方

2012/1/6 于城西公寓

目　录

- 第一章　导论 …………………………………………………… 1
- 第二章　中国式营销思维——三层两向一中 …………………… 14
- 第三章　中国式营销核心概念 …………………………………… 34
- 第四章　求之于势——用结构来营销 …………………………… 66
- 第五章　一阴一阳，看问题看"本质" ………………………… 100
- 第六章　反者道之动 ……………………………………………… 114
- 第七章　转型和替代 ……………………………………………… 128
- 第八章　营销态度观 ……………………………………………… 153
- 第九章　中国式营销的修和行 …………………………………… 170
- 附录 ………………………………………………………………… 182
- 参考文献 …………………………………………………………… 205

第一章 导论

一 缘起

"营销思维脑扫描",望其名字,似乎抽象,远离实践,然而本书的根本目的是服务于实践,尤其是中国营销实践。因为,我们始终认为营销是一门实践学科,它必须解决实际问题。那么如何解决实际问题呢?我们先看下图中的题目(见图1.1)。

在下图中,请用不间断的4条直线,一笔连上这9点。如果您在10分钟之内不能解决问题,就很有必要深入研读本书。

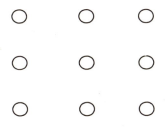

图1.1 九点连线

关于九点连线题目,笔者曾经在本科生、研究生、MBA、EMBA课堂上以及社会公开课中做过大量测验,很多商业人士在10分钟之内完不成任务,而且随

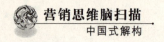

着年龄的增长,人们平均完成这次任务的时间更长。

为什么会出现如此情形?我们可以对这些人进行"脑扫描"[①]。原来,大部分人随着年龄的增长,所学知识的增多,思维方式越来越固化,喜欢在固定的知识范围或经验领域来思考问题并对问题求解。虽然本题目并没有限定连线的范围,但是很多人都把思维局限在"九点框框"之内连线,不管怎样连,都要用4条以上的直线,才能一笔连上这9点,当然求不出解。

思维的"九点框框"脑扫描图像如下(见图1.2)。很多人正是不由自主地在九点之内连线。

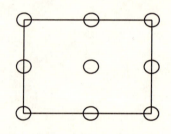

图1.2 九点框框

解决这个问题的关键是打破自己形成的"九点框框"思维,否则无法完成任务。

九点连线比较典型的连法有下图几种,不管哪种,都得突破"九点框框"(见图1.3)。

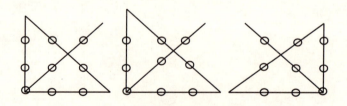

图1.3 九点连线的几种连法

---

① 脑扫描是CT脑扫描的简称。CT脑扫描又称颅脑CT,就是用X线围绕头部进行断层扫描,将颅内不同结构的X线吸收值通过检测器记录下来,输入计算机处理后,转变成图像显示出来。本书在这里基于中国式思维视角,借用该概念来比喻"对营销思维进行深度剖析"。

第一章 导论

很不幸的是,多数人随着年龄的增加、经验的积累、所学知识的沉淀,逐渐形成了自己的"九点框框"思维,而且不容易打破。就营销领域来说,很多营销人士学了大量的营销知识后,也形成了"九点框框"思维,针对具体的营销问题,大多数人不由自主地在用已有的营销思维来解决问题。而我们已有的营销框架思维以西方的"STP+4PS"[①]为经典框架。

"STP+4PS"是西方营销思维的精髓。不可否认,"STP+4PS"在营销中具有崇高地位,它为西方很多企业的成功做出了巨大的贡献。但我们认为,西方营销思维以西方营销学为主要内容,是解决中国营销问题的一种解法,但它是不是唯一解、最优解,倒不一定。

因为改革开放30多年,是我们学习西方营销学的30多年,也是我们反思西方营销学的30多年。当今我们对西方营销学的理论和实践已有了一定的了解,然而,我国很多企业在实践中发现,西方营销学运用到中国实践,常常"水土不服",能指导国外企业取得成功的西方营销学似乎常常解决不了中国营销问题。面对此情此景,营销实践部门对西方营销学的态度,由早期的迷恋和崇拜,逐步转到疑惑和反思,近年来甚至还出现了完全批判的情况,如路长全提出了"骆驼和兔子"理论[②],华红兵提出了"中国式营销"的概念,主张完全扬弃西方营销理论。理论界也对简单照搬西方营销学解决中国营销问题的现象提出了看法,如香港城市大学周南教授认为,"倘若只是继续简单地移植和改用西方的东西,舍本逐末,我们不但永远赶不上西方,而且还会丢失中华民族的文化精华"[③]。

---

① "STP+4PS":STP是指市场细分(Segment)、目标市场(Target market)、定位(Position);而4PS是指产品(Product)、价格(Price)、渠道(Place)、促销(Promotion)。

② "骆驼和兔子"理论认为:"西方的营销理论是针对国外规范市场的大公司的运作产生的,很适合国外大公司运作,但不一定适合中国的广大企业。国外大公司像骆驼。骆驼有驼峰,可以几天几夜不吃不喝,向目标前进。同理,国外大企业一般有庞大的资源支持其执行营销战略,因而适合以西方营销理论指导来实现其规范发展。而中国的企业更像兔子,时刻需要解决生存问题。骆驼有骆驼的活法,兔子有兔子的活法,简言之,用骆驼的理论不能解决兔子的问题"。

③ 周南.中国人美国人——剖析中美营销理论的文化基础[D].2008年中国营销科学学术年会论文集,2008.

"一阴一阳之谓道",按照中国式思维的看法,任何东西都具有两面性,我们认为,西方营销学具有优点,但同时具有一定的局限性。我们把西方营销学解决中国营销问题时的局限性比喻成"九点框框",其局限性具体有哪些体现呢?下面我们进行具体分析。

从学科来看,西方营销学属于管理学科,任何管理学科的内容都可以分为三个部分:管理经验、管理科学、管理理念(或管理哲学),见图1.4。

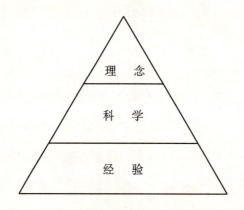

图1.4 管理学科的三个层次

通常,人们通过管理实践、观察、调查而形成管理经验(第一层),然后在这基础上抽象出事物联系的原则、原理进而得出规律形成管理科学(第二层)。管理经验具有个性,很难传播,不易复制,而管理科学具有共性,容易传播,但不易有用。前者不易复制相对容易理解,而后者为什么不易有用呢?所谓不易有用,主要包括这些:

第一,管理科学很难直接应用,书本上的管理理论尤其如此。管理科学是对管理现象之间联系的抽象,有一定的理论高度,它不是管理经验,因此本身很难直接运用。我们知道,在科学知识传递的过程中,管理科学不仅要形成管理学科,最终还要以管理学书籍展现。一般管理学书籍为了规范化,会把管理现象系统化、抽象化,其过程有点像"简单问题复杂化、复杂问题程序化、程序问题系统化、系统问题书本化",而真正解决管理问题的实践过程恰恰是倒过来的,即"复

第一章 导论

杂问题直线化、直线问题简单化、简单问题一点化、一点问题突破",更简单的表述为"复杂问题简单化、简单问题重复做"。如果不注意到管理科学理论化过程和管理实践过程的区别,即使熟读管理书籍,而面对真正管理问题的时候,也会茫然不知所措,毫无底气!实际上,读管理书籍要有用,至少要做到"入书,更要跳出书"。

第二,管理科学容易出现"对没有用"的局面。"对没有用"来源于曾仕强先生"中国式管理"的研究,它本来强调人际沟通的时候,要注意在适当场合说适当的话。比如下属不应该在公开场合直接反驳上司的观点,即使下属讲的是对的,这个时候往往会产生"对没有用"的后果。因为据曾仕强先生的研究,中国人特讲究面子,如果下属在公共场合直接反驳上司的观点,会让上司很没有面子,上司感觉没有面子,即使下属是对的,他也听不进去,这个时候就形成了"对没有用"的结局。如果这个下属的运气不好,碰到没有包容性的领导,甚至会因此得罪上司而被开除。

在这里,本研究主要是借用曾先生"对没有用"这几个字来谈我国中小企业有时候很难运用管理科学来实践的情况。管理科学无疑是对的,但是任何科学的理论是在一定的条件下保证其科学性的,管理科学的运用是有条件的。很多时候,我国中小企业没有管理科学运用的条件,造成了西方管理科学"对没有用"的现实局面。例如沃尔玛老板山姆为了推出山姆可乐,曾经花费数百万美元进行山姆可乐的盲测和货架实验①,埃克森石油为了起一个好的品牌名花费了几千万美金。试想我国有几个企业能一下子拿出那么多钱来干管理科学的事情。中

---

① 山姆可乐盲测是指沃尔玛为了推出山姆可乐而进行的消费者实验。在该试验中,实验方准备数杯可乐,其中可口可乐、百事可乐和山姆可乐都隐藏商标,要求消费者品尝可乐是否有差异。结果表明绝大多数消费者辨别不了这些可乐的差异。货架实验是指实验人员把可口可乐、百事可乐、山姆可乐都贴上商标,放在沃尔玛超市里面,看消费者购买何种可乐。虽然在盲测中,绝大多数消费者品尝不出可乐的差异,但是一旦贴上标签,可口可乐的忠诚消费者依然选择购买可口可乐,百事可乐的忠诚消费者依然选择购买百事可乐,而山姆可乐在自己的沃尔玛商场,几乎没有人购买。基于此,沃尔玛终止了山姆可乐的生产。

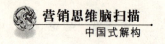

国绝大多数企业相对于国外大企业来说,还不强大,甚至还很弱小,有时候也还没有运用西方管理科学理论的条件。

其实,所学的任何知识,只有在其对应的条件(或创造那个条件)下,才会有用。如西方颇具盛名的标杆管理法。

标杆管理法由美国施乐公司于1979年首创,是现代西方发达国家企业管理活动中支持企业不断改进和获得竞争优势的最重要的管理方式之一,西方管理学界将其与企业再造、战略联盟一起并称为20世纪90年代三大管理方法。

实际上标杆就是榜样,这些榜样在业务流程、制造流程、设备、产品和服务方面所取得的成就,就是后进者瞄准和赶超的标杆。

据说,标杆管理已经在市场营销、成本管理、人力资源管理、新产品开发、教育部门管理等各个方面得到广泛的应用。其中杜邦、通用、Kodak、Ford、IBM等知名企业在日常管理活动中均应用了标杆管理法。而在我国像海尔、雅芳、李宁、联想等知名企业也通过采用标杆管理的方法取得了巨大成功。

然而,我们不得不指出标杆理论运用的条件性。例如我们用该理论来指导中国企业制造汽车,质量以奔驰为标杆,管理以丰田为标杆,营销以现代为标杆……然后实现人力资源管理所讲的"走近它、模仿它、学习它、超越它",从逻辑上来说是科学的。然而这个理论要对中国企业造汽车真正有用,需要前提。比如,企业资源无限,标杆理论很好用;还有,如果时间能无限延续,也可以用。

现实情况也是如此。如果一个学了几年商科的学生,在求职的时候一开口就对老板说,"给我三个亿去中央电视台打广告",或者说"老板你的产品需要创新"。面对这样"对的说法",我们只能形成一个印象:这是营销菜鸟!菜鸟讲的东西多半是对的,但是往往没有用,甚至还得罪人。对绝大多数中小企业老板来说,"哪有三个亿去中央电视台打广告?"还有,说"老板你的产品需要创新",等于变相说"老板你的产品有问题"。这个时候,很多老板心里在想"站着讲话不腰痛,你以为做一个产品出来容易啊!"确实,产品生产出来已经不容易了,要倾注

第一章 导论

老板大量的心血,很多产品就相当于老板的"儿子"。结果菜鸟提的建议是"产品需要创新",给人的感觉就是"老板你的儿子有问题",这不是得罪人,找骂吗?

第三,管理科学研究的条件性及知识效用的悖论。可以说,管理科学研究是在假定的条件下找规律,这也是一般学术研究的基本套路。然而,这个研究出来的规律"有没有用"、"如何用",理论研究工作者大体不会去考察了。因为这一般不是他们的兴趣点,也不是他们的使命。理论研究工作者的使命一般为知识发现——为人类知识做贡献。至于科学知识怎么用,就交给了实践工作者。从这里,我们可以发现管理科学研究的工作重心是"规律是什么",而管理实践的工作重心是"规律怎么用"。这显然是两个不同的问题,前者的关键是固定了条件找规律,后者的关键是找到适应规律的条件或创造相关条件。

知识是一种信息,从信息角度来看知识效用,很容易分析出知识效用的悖论。信息的价值主要在于:掌握了别人没有掌握的信息,或者从一般人都能得到的资料中分析出来新的观点。前者是你拥有了别人不曾有的稀缺信息,后者是你从普通信息中得出独特的见解。总之,信息价值的根本在于其稀缺性。而科学研究发现的知识是要公开的,当然公开的知识就已经失去了信息稀缺性价值。如果仅仅生搬硬套科学研究知识去给企业解决问题,企业开始似乎还觉得有道理,到后面就会发现这个理论可能只是人人都知道的大道理,就容易产生"对没有用"的感慨。

基于以上原因,有国外知名企业家感叹:"成功并不总是一位永远引导我们向前的向导"。他这句话的意思可以翻译为:"以往帮助企业取得成功的规律,并不能指引企业下一次成功,所以不能作为企业的向导"。而这一意思的经典表述是我国《孙子兵法》曾说的:"故其战胜不复,而应形于无穷"。这句话可以翻译为:"战胜敌人的规律,为什么不能重复呢?"这不是规律错了(或不科学),而是形式变化了,且这种形式变化是无穷无尽的。

可见,西方营销学作为管理学科的一门课程,在解决中国具体营销问题时,一样需要适用的条件、一样会面临知识效用悖论等问题。如果简单照搬西方营销学,来应对中国环境下市场和中国文化环境下消费者的问题,不可避免地具有局限性。如果我们不深知这种局限性,而一味套用西方营销学理论,就很可能陷入"九点框框"思维,无法真正解决中国营销问题。

我们认为,鉴于中国营销问题的特殊性,解决中国营销实际问题,很有必要打破原来的固定思维,形成新的思维,以获得创造性的营销效果。

二 解构主义

本研究对营销思维进行脑扫描,其本质是对营销思维进行深度剖析。然而考虑到以下实际情况:第一,中国人文学者不一定对医学脑扫描真正有兴趣;第二,我们不一定对远离中国的西方营销思维感兴趣;第三,营销实践人士不一定对深奥的理论"感冒",我们决定降低本研究科学抽象程度,主要通过比喻、故事、案例来解构营销思维。具体方法是用我们自己能懂的中国式思维方式来"解构"本土成功营销案例。当我们这样做的时候,中国式思维方式和本土营销自然而然就会结合,形成了本研究所说的中国式营销思维。

那么中国式营销思维如何解构呢?我们首先有必要介绍和"解构"相关的理论"解构主义"[①]。

解构主义对现代主义正统原则和标准进行批判并加以继承,它运用现代主义的语汇,却颠倒、重构各种既有语汇之间的关系,从逻辑上否定传统的基本设计原则(美学、力学、功能),由此产生新的意义。用分解的观念,强调打碎、叠加、重组,重视个体、部件本身,反对总体统一而创造出支离破碎和不确定感。

---

① 以下对"解构主义"的介绍参考了百度百科相关解释(http://baike.baidu.com/view/2780.htm)。

第一章 导论

解构主义在 20 世纪 60 年代缘起于法国,雅克·德里达——解构主义领袖——不满于西方几千年来贯穿至今的哲学思想,对那种传统的不容置疑的哲学信念发起挑战,对自柏拉图以来的西方形而上学的传统大加责难。

解构主义的出现与 20 世纪人类在哲学、科学和社会领域发生的深刻变动密不可分。从哲学内部的发展看,从康德本人开始,就有从本体论转向的趋势。哲学家们越来越对人类把握宇宙本体的能力感到怀疑。康德虽然试图用先验的思维形式来弥合人的经验与物自身之间的鸿沟,但仍然充满了疑惑。19 世纪的哲学家对形而上问题更缺乏兴趣,占统治地位的是实证主义、实用主义和意志哲学。尼采重估一切价值和超善恶的姿态对传统哲学的冲击尤其强烈。因此尼采对解构主义有重要影响。

19 世纪末,尼采宣称"上帝死了",并要求"重估一切价值"。他的叛逆思想从此对西方产生了深远影响。作为一股质疑理性、颠覆传统的思潮,尼采哲学成为解构主义的思想渊源之一。

解构主义最大的特点是反中心,反权威,反二元对抗,反非黑即白的理论。解构主义反对对理性的崇拜,反对二元对抗的狭隘思维,认为既然差异无处不在,就应该以多元的开放心态去容纳差异。在对待传统的问题上,解构主义也并非像一些人认为的那样,是一种砸烂一切的学说。恰恰相反,解构主义相信传统是无法砸烂的,后人应该不断地用新的眼光去解读。而且,即使承认世界上没有真理,也并不妨碍每个人按照自己的阐释确定自己的理想。解构主义是一种"道",一种世界观层次的认识,而不是一种"器",一种操作的原则。所以,把解构主义作为文本分析策略最终效果不佳,而解构主义作为一种意识却渗透到了很多自认为绕过了解构主义的思潮和流派里面,比如女权主义、后殖民主义等等。对待解构主义,应该是"运用之妙,存乎一心"。

从以上关于"解构主义"的学术介绍中,我们能了解到,"解构主义"具有反权威,反二元对抗,反非黑即白的特点,如果把它运用在管理领域,能启发我们从另一个视角看问题,产生创新思维,并形成新观点。下面我们用两个案例来深入解读解构主义。

案例一:解构主义——"水煮肉片"[①]

水煮是川菜一种特殊的做法,随着水煮鱼的全国性风靡,人们逐渐接受和喜欢甚至迷恋上了这种做法。

水煮简言之就是:豆瓣酱汤煮肉再浇热油。在很多年以前,川菜还没有像如今这么普及的时候,很多人对"水煮肉"怀着异样的情绪,不止一个人对我说过:"我以为水煮肉是白水煮肉呢!"

在这个名字上,四川人的确是玩了一票文字游戏,虽然这肉的确是"水"煮熟的。后来在北京被发扬光大的"水煮鱼"里油的成分越来越多,直接变成"油煮鱼"了。再后来出了一本很火的书《水煮三国》,借三国的故事比喻当今的企业管理。

我一直想这书为什么不叫"大话三国"、"麻辣三国",而叫"水煮三国"?其实这书是拿三国人物故事说事,看似东拉西扯,其实说的还都是正事。

刘备是"长江国际工商管理大学"高才生、董卓办"奇妙保健品有限公司"这多少有点解构主义的意思,就如同"水煮"一样,是对人们传统思维方式的一种解构,所以"大话三国"、"麻辣三国"都不如"水煮三国"来得贴切。

解构主义是20世纪60年代始于法国的一种哲学思想,倡导打破现有的单元化秩序,也包括打破人意识上的秩序,包括接受习惯、思维习惯等。

其实川菜中有很多具有解构主义特征的元素,比如菜名,"水煮"是对人传统思维的一种解构,谁说一定是白水煮呢?还有"开水白菜",你真以为是开水煮白

---

① 引自大菜的博客:http://blog.sina.com.cn/s/blog_4ab35d0b010083vw.html。

第一章 导论

菜吗？那可是用好几只鸡炖出来的高汤做的啊！

因此，远在20世纪60年代之前，四川人就开始解构了，只不过我们不知道那叫解构，我们管那叫大白话。

 案例二：另类解构屈原之死[①]

"另类解构屈原之死"，由分众传媒老总江南春先生的演讲所论述。当然，尊重江南春先生的原意，"这样解构，并不是要否认屈原是爱国诗人，而只是为了突出解构主义能引导创新精神"。下面是他在《钱江晚报》上发表的"另类解构屈原之死"的原文：

"创新，需要人有反向思维的能力。我举一个关乎文学和史学的例子——当年，我在华东师范大学中文系读书，一位老师与我们探究屈原死因：

——屈原是怎么死的？——自杀。——是怎么自杀的？——跳河。——跳河的证据是什么？

面对一个千古常论，我竟被老师问得语塞。

老师解释，后人之所以认为屈原是跳河自杀，是因为人们从屈原的《怀沙赋》中得到了所谓的证据，顺着惯性的思维得出了结论。屈原在诗里表达了自己政治上不得志，产生自杀念头，最后欲怀抱沙石投江而绝的想法。然而，老师却进一步提出：《怀沙赋》中有27处写法与《离骚》相异，所以他怀疑《怀沙赋》系后人伪造。

由此，老师得出一个与众不同、颠覆前人的观点：屈原死于谋杀，而且是情杀。接着还搬出了屈原的《湘夫人》加以佐证。在《湘夫人》中，屈原透出了对湘夫人——楚王妃子思慕暗恋、藕断丝连的情感。

[①] 本案例改编于分众传媒CEO江南春的演讲，相关资料可以参考：江南春. 另类解构屈原之死[N]. 钱江晚报，2006-03-09.

我说这个例子,想阐述的是,这是一个重新解构固有思维的典型,虽然结论异想天开,但它倡导了一种全新思维。分众传媒就是这样以'创意创造生意',以'想象力创造利润'。"

江南春先生在一次演讲中,继续以上面所述为基础,解构了"赛龙舟和吃粽子"的来源。

承前所述,"屈原和湘夫人的藕断丝连的感情,引起了朝中士大夫的不满,于是找机会要除掉屈原。屈原闻讯后,骑马匆忙逃离,士大夫就派杀手骑马追赶。追赶持续了好久,最后,屈原被追到了一条江边。屈原赶紧找了一条小舟继续前行,而杀手们也找了好几条小舟追赶。这样在江面上你追我赶,就产生了现代的赛龙舟。在江中心,杀手们赶上了屈原,然后用绳子把他五花大绑,扔到水里谋杀了他。基于屈原在爱国方面的高尚情操,老百姓忽略了屈原被谋杀,而选择用吃粽子(五花大绑)来纪念他"。

案例一对本研究的启示是,我们几乎用大白话来解构"营销思维",所以本书理论虽深,但是表述浅显易懂。

对于案例二,我们要再次特别强调,用解构主义另类解构屈原之死,其目的并不是否认屈原是伟大的爱国诗人。用这个案例的本质是凸显解构主义能打破习惯思维(如九点框框思维)的力量,并彰显其能带来创新思维的特点。而这样的创新性解构正是本书的一个重要特征。

当然,本书主要是吸取了"解构主义"中的优点,来"解构"营销高手在解决中国具体营销问题时的思考方法。我们坚信,由于"战胜不复而应形于无穷"[①],营销高手们成功的方法不一定能复制,但是成功的营销思维是能复制的,其本质应该是简单的。这样,本书通过解构中国成功营销案例、扫描成功营销人士的底层

---

① "战胜不复而应形于无穷",引自《孙子兵法》,其意思在这里可翻译为:战胜敌人的办法为什么不能重复呢?不是方法错了,而是运用方法的形式条件变化了,而且这种变化无穷无尽。

思维,透过外表眼花缭乱的表象,掌控其思维本质,在变化中抓其不变之根本。这或许能给中国营销界带来一种全新视角和全新观点。

最后,本书涉及了大量本土成功的营销案例,基于商业机密性,我们对有些案例采用了匿名和部分修改的方式。由于种种限制,我们不可能对成功营销案例的操刀手全部进行采访,而且,我们认为,既然我们用"解构主义"的手法来研究,即使对这些案例进行事后采访也不一定有"解构主义"诠释的效果,所以,读者一定要本着"解构主义"的精神来领悟本书。"中国式营销思维"并不排斥西方营销科学,相反它还不断学习西方营销理论的精华,并融合中国古典智慧来思考营销问题。它既包括了中国企业的营销实践精华的总结,又包括了在华跨国企业经典营销实践的总结,而且还是我们用中国思维对这些案例进行独特解构的结果。总之,中国式营销思维是对广大营销人士在独特的中国经济、政治、文化背景下的企业营销实践行为进行观察、分析、解构的结果,它是一个开放、包容和发展的理论体系。我们要深深感谢这些为本书提供了杰出营销案例的营销贡献者。

第二章
中国式营销思维——三层两向一中

虽然对于中国人的思维方式可以从很多方面进行分析,但据哲学界的研究,中国式思维的本质是"象思维"[①]。从营销实践来看,我们用"三层两向一中"来概括中国式营销思维。

一 三层

所谓三层,就是分三个层次看问题。分三层看问题,对中国人来说,并不神秘,或者说它已经潜移默化地成为我们思维方式的组成部分了。其实,中国人在日常生活中就常常表现出来三层思维,我们将时间分为"过去、现在、将来"三态;将学位分为"博士、硕士、学士"三士;将世界概括为"天堂、人间、地狱"三界;将人分为"老人、成人、小孩"三类;将组织分为"高、中、低"三等;将组织中的人分为"领导、干部、员工"三职;将学科分为"哲学、科学、经验"三层……从认知事物的结果来看,我们惊奇地发现中国人认知事物的结果中往往都包含"三"。换言之,

---

[①] 关于这点,可以参见:詹志方,薛金福. 中国式营销[M]. 北京:世界图书出版公司,2011。有关"象思维"更多的知识还可以参考王树人的相关研究。

第二章　中国式营销思维——三层两向一中

我们往往把事物概括为"三","三"包含了事物的全部。更有趣的是,中国人已经形成了固有的认识事物的三层分析思维"宏观、中观、微观"。

我们认为,中国人"三层"分析思维受到了古典智慧的影响,其中《易经》影响最大。《易经》讲"易",为了通俗说理,用"天、地、人"来说明"易"的三个层次:"不易、变易和简易"。

"天地人三层"的思维方式对后世影响极大,它是中国先贤在认知事物过程中体现出来的思维方式。在《易经》内,"天、地、人"引申为三才,宋代易学家郭雍所著的《郭氏传家易说》曾指出,"《易》为三才之书,其言者三才之道也"。后来中国人一直沿用了三层的思维。人们将"三元"概括为天、地、人;将"三气"概括为天、地、人;将"三极"概括为天、地、人;将"三仪"概括为天、地、人;将"三灵"概括为天、地、人。"三层"分析思维是中国人从宏观角度认知事物的方式,是中国人总体看待和分析问题的主要方法。这种分析思维能传承和发展,有其重要原因。

首先,"天、地、人"三层思维不仅仅是我们认识事物的一种思维方式,它还解释了事物形成发展的过程。其实,任何事物都是由"地"向"人"再向"天"发展变化的。具体到学科理论也是这样,按社会学理论研究,理论可以分为具体理论、中层理论、高层理论。理论通过不断的研究由具体的底层理论向抽象的高层理论发展。就管理学科而言,管理学科也可以分为三个层次:管理经验、管理科学、管理哲学。通常,人们通过参与、观察、调查而形成管理经验;然后在这基础上抽象出事物之间联系的原则、原理、规律,进而形成管理科学;最后在此基础上产生管理哲学。

其次,作为一种方法,"天、地、人"三层分析涵盖了西方层次分析法的精华。层次分析方法通常作为解决复杂问题的方法,能把复杂的问题简单化,从而有利于问题的解决。西方层次分析法主要从平行的角度剖析复杂的问题,但"天、地、人"三层主要从垂直的角度剖析和解决复杂问题。"天、地、人"三层可以把问题分为"低、中、高"三个层次。作为一种智慧,"天、地、人"三层之分,能开拓人们解

15

决问题的思路,使我们能从更高的高度看待和解决问题。这样就启示我们:要解决一个问题,可以就问题产生层次解决问题,还可以站在比问题高的层次来解决低层次问题。可以说"天、地、人"三层之分充分包括了营销战略专家魏斯曼的思想。按照魏斯曼的说法:问题的解决往往不在问题相邻的层面而在与之相比较高的层面。①

中国式营销思维也是借鉴中国式"天、地、人"三层思维的精华,分"高、中、低"三个层次来看营销问题。我们把营销问题分为三层,"脑扫描"结果如图2.1所示。营销问题有低层次的"营销之术"的问题,也有中层次的"营销之法"的问题,更有高层次的"营销之道"的问题。之所以这样划分,是为了强调解决营销问题要有高度。对于简单的低层次营销问题,我们可以站在中、高层面来解决,这样解决问题更简单、更省力、更有效。

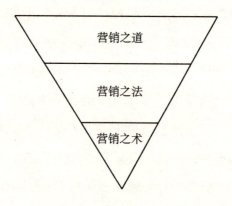

图2.1 营销道、法、术三层

类比来说,有了营销道、法、术三层思维后,站在更高的营销之道、营销之法层次去解决营销之术问题,就相当于我们学了中学的数学去解决小学的数学问题,或者是学了大学的数学去解决小学的数学问题。曾经那些难倒我们的小学数学问题,自从我们念了中学、大学以后,会发现它们如此之简单。

---

① 〔德〕魏斯曼.市场营销战略:通往成功的十步[M].北京:华夏出版社,2001.

第二章　中国式营销思维——三层两向一中

当然,有了营销道、法、术三层思维,我们也能更好地展开营销竞争。以前,我们一些企业老是落后于别人,却分析不出落后的本质原因,这往往是缺乏营销三层思维的一种具体表现。比如,同样是卖信息管理系统,有的企业站在"营销之术"层次,就产品卖产品,只简单谈信息管理系统有多好;有的企业站在"营销战略"层次来"卖产品",根本不跟客户提及卖产品,而是为客户做战略咨询,通过咨询,使得客户明白:21世纪是信息化世纪,客户要更好地发展,需要信息管理系统,这样客户就会自然而然地购买该企业的管理信息系统;还有一些企业甚至站在"消费者思维和习惯"的更高层次"来卖产品",先免费给客户企业的专业人士使用该管理信息系统的简单版,等这些专业人士学会后,让他们自己跟企业提出来要购买此管理信息系统。很显然,后两种营销产品的方式层次更高、效果更好。如果我们一些企业不明白这个道理,不知道从更高层次来展开营销竞争,往往不知道失败的原因。如同样是大客户销售,有的只知道一味推销,仅仅停留在"营销之术"层次,殊不知大客户销售理论已发展到了很多层次。曾有大客户销售专家这样建议,当企业进行大客户销售竞标时,如果标书都是自己企业拟定时,那么基本成功了。在这里,我们用一个高校营销的例子来说明这种竞争。

某中部省份的某"二本"高校,位于省会城市,专业有特色,前些年通过合并一些高校后,实力大幅提升,生源越来越好,每年高考录取分数接近"一本"线,与之相差不过10分。基于以上情况,该高校很想升格为"一本",于是向教委等有关部门提出升"一本"请求,但是迟迟得不到批复。主要原因是该省份已经有好几个"一本"学校,而当它提出升"一本"时,其他"二本"学校也乘机提出升"一本"的要求,教育部门很为难,因为该省不可能只有"一本"高校,于是这个问题迟迟得不到解决。这个例子是典型的就"升一本"来谈"升一本",在"升一本"的同层次来解决问题,问题难以解决。后来该高校换了领导,也聘请了营销专家解决此问题。第二年,该高校"升一本"问题就解决了。原来第二年,该省有关教育管理部门,号召所有"二本"学校来升"一本","二本"学校跑来一看,申报条例第一条为

17

"最近五年高考录取分数线和一本相差不过十分",大部分"二本"学校看到这一条,就知难而退了。当然,这所学校则顺理成章升为了"一本"。事后,有人怀疑"第一条"就是这所学校出的主意,至于是不是这样,我们没有必要去深究。用这个例子,主要是说明我们如何用营销的"三层"思维,从更高的高度解决营销问题。

为什么从更高的高度解决营销问题就更省力呢?因为有高度,就有势能。曾经有人在演讲时形象地描述过该道理:"发源于青藏高原的河流有千万条,然而在中国境内能流向大海的主要有黄河和长江,原因是什么,据考察,主要原因是它们发源地高"。显然,有高度就有势能,也自然而然有了力度。

其实,《孙子兵法》早就阐述了这一观点。《孙子兵法》云:"善战者,求之于势,不责于人……故善战人之势,如转圆石于千仞之山者,势也"。这段话可以这样翻译:"善于战争的将军,主要求助于势,而不是求助于能人……因此,善于战争的将军运用势,就像将圆石从万丈高山推滚下来打击敌人那样,形成排山倒海般的力量,最后战而胜之"。

"善战者,求之于势",用在营销方面,说白了就是"营销要具有高度"。然而,如何产生营销高度?我们认为最主要的方法是分"天、地、人"三层来看问题,而"势"源于"高、中、低"三层结构。《孙子兵法》已经很明确地表明了"势"并不是来源"滚木圆石",因为"木石之性:安则静,危则动,方则止,圆则行",圆石滚木具有势的关键是有"千仞之山"的高度。而高度是怎么产生的呢?我们认为,没有"中和低",也就没有"高",所以从这个意义上说,势的本质来源于"高、中、低"结构。因此,中国式营销思维的一个关键思维是分"三层"来看营销问题、解决营销问题。

有了营销三层的思维,我们解决营销问题,就自然而然会从更高的高度来思考,也就不会局限于原来的"九点框框"局限。所以,营销的三层思维,主要强调了营销的"高度"。在解决九点连线问题的时候,如果我们的思维上升一个高度,画一条线,向上方延伸,突破原来的框架(见图2.2),九点连线问题就取得了重大突破,得到解法也就是自然而然的事情了。

第二章 中国式营销思维——三层两向一中

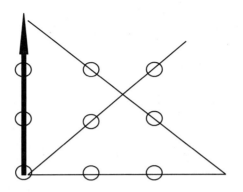

图 2.2 九点连线:向更高的高度突破①

二 两向

所谓"两向",是指中国人从"阴阳"两质看问题。"两向"体现了中国人的辩证思维,也体现了中国人易从反方向看问题的特点。两向思维同样在我们身上根深蒂固。我们的思维中高矮、胖瘦、大小、阴阳、有无、福祸、善恶、强弱、好坏、轻重、静躁、白黑、寒热、雌雄、母子、实华、正反、同异、美丑、利害、生死、荣辱、愚知、吉凶、贵贱、贫富等都是对立的,同时,我们也明白它们之间是相反相成、相互依存的关系,"有无相生,难易相成,长短相形,高下相盈,音声相和,前后相随,恒也"(见《道德经》第二章)。②

中国人"两向"也主要受到了古典智慧的启示。如《易经》认为世界万物是由"道"产生的,所谓"一阴一阳之谓道"③。"阴"、"阳"两极是"两向"思维的源泉。庄子说:"《易》以道阴阳。"阴阳作为一种认识宇宙事物的中国思维,既具有整体

---

① 为了强调高度的突破,本图特意加粗了向上的直线,并添加了箭头。
② 文选德. 老子·道德经[M]. 长沙:湖南人民出版社,2005.
③ 同②。

性、动态性、包容性,又具有辩证性。根据《易经》的思想,万物的形成、生长、变化和毁灭都是阴、阳二气相互作用的结果。即所谓"阴阳者,天地之道也,万物之纲纪,变化之父母,生杀之本始,神明之府也"(《黄帝内经》)。"万物"的阳表现如"天、日、昼、热、火、亮、活动",而阴表现如"地、月、夜、冷、水、暗、静止"。阳:"虚、无形、上、外",阴:"实、有形、下、内"。从阴阳两极看世界,世界就形成高矮、胖瘦、大小、阴阳、有无、福祸、善恶、强弱、好坏、轻重、静躁、白黑、寒热、雌雄、母子、实华、正反、同异、美丑、利害、生死、荣辱、愚知、吉凶、贵贱、贫富等两极对立的形态。

中国人的"两向"思维在《道德经》中阐释得非常清楚,《道德经》第五十八章里提出的"祸兮,福之所倚;福兮,祸之所伏"说明,福祸不但可以相互依存还可以相互转化,福可以转化成祸,而祸可以转化成福。同时,《道德经》中"天下皆知美之为美,斯恶矣;皆知善之为善,斯不善矣"也说明了高矮、胖瘦、大小、阴阳、有无、福祸、善恶等不但可以相互依存而且可以相互转化。"春夏更替"、"暑消寒盛"、"剥极必复"、"否极泰来"、"以柔克刚"、"弱必生强,强必转弱"、"无生于有,有生于无"都是相反相成、相互转化、循环反复的思维。[①]

中国式营销思维的"两向"也主要吸收古典智慧的"阴阳"辩证思维,在营销三层的每一个层面上都做"阴阳"辩证思考,脑扫描如图 2.3 所示。思考的时候,更多的是用"反者道之动"的方法,进行反方向思考。

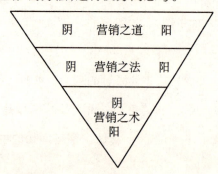

图 2.3 营销道、法、术三层上每一个层次上有两向:阴和阳

---

① 于春海. 易经[M]. 吉林:吉林文史出版社,2006.

第二章　中国式营销思维——三层两向一中

"反者道之动,弱者道之用"是将《道德经》两向思维运用到管理实践的精髓。我们认为"反者道之动"主要提示管理如何做事,而"弱者道之用"主要提示管理如何做人。营销从做事的角度来看要"高高山顶立",而营销人从做人的角度来看要"深深海底行",要"上善若水,水利万物而不争"。

在这里,我们主要从"反者道之动"来思考"两向"。前面"三层"思维告诉我们,做营销的事,要有高度,有高度就有好处。俗话说得好,"站得高,看得远"。但是有高度就一定好吗?用"一阴一阳之谓道"、"反者道之动"辩证思维来看,任何东西有优点就有缺点,有阳光就有阴影。"站得高"确实能"看得远",然而请注意"站得高,看得远,但往往看不清,因而容易摔死"。

由此可见,为什么在"三层"之后,中国式营销思维还特别强调"两向",强调在三个层面上都要有"两向"。营销三层的每一个层面上都有"阴阳两面",只有这样思考营销的事情,我们才会更全面。

更重要的是,"两向"思维是我们营销创新的重要源泉。具体而言,"反者道之动"是营销做事的一个指导纲领。

"反者道之动"在管理学大师中的大师德鲁克先生所提的建议中也得到了淋漓尽致的体现。20世纪七八十年代,日本在戴明博士的全面质量管理思想指导下,工业企业全面崛起,很多日本产品销往美国,把美国产品打败。面对此情此景,在美国管理界兴起了一股到日本学管理的言论。当大家都提出来向日本学管理的时候,德鲁克先生反过来思考,说"美国和日本所隔的文化壕沟比美国和日本之间所隔的太平洋海水还深,与其到日本去学管理,美国企业还不如在本土学习那些受日本企业包围还能生存发展的本土企业"[①]。

"反者道之动"对我们"中国式营销"研究的启示也是巨大的。笔者在2005年之后,基于所学的书本管理理论无法直接运用到企业管理中的事实,开始研习

---

① 张利. 新营销[M]. 北京:新华出版社,2006.

"中国式管理"理论。受曾仕强先生"中国式管理"理论启示,开始用"中国式管理"来思考"中国式营销"问题。刚开始的时候,仿照曾仕强先生"中国式管理"三层结构(见图2.4),构建中国式营销三层框架(见图2.5)。

然而图2.5中的营销框架一直有一个矛盾无法得到更好的解释。因为在"中国式管理"三层里面,底层"地"是不变的,中层"人"是应变的,高层"天"是变化的。曾仕强先生以这个为基础,论述了一个人在组织中的成长:从"不变"的"地"(员工)开始,然后到"应变"的"人"(干部),最后到"变化"的"天"(领导)。曾先生的这种解释通俗易懂又符合常理,对在管理中如何"做人"很有启发。然而营销更多地是"做事"。营销实践告诉我们,在底层(地)做营销的事情,面对的市场是变化无常的,而基层营销管理需要面对变化无常的市场,因而是变化的。而高层(天)的营销管理不能说变就变,一些基本营销哲学、理念、指导思想更不能变来变去。事实上,营销的本质、规律是相对恒定的,变化比较小。而中间层次(人)的营销战略、营销方法是应变的。这样问题就出来了,按照中国式管理来看,"地"如果不变,则基层营销管理是不变的;"天"如果变,则企业高层的营销管理哲学就不停地变。这显然和实践矛盾。也就是说,中国式营销如果以"中国式管理"框架(见图2.4)为基础建立营销三层框架(见图2.5),就必须搞清楚到

图2.4 曾仕强的中国式管理三层结构

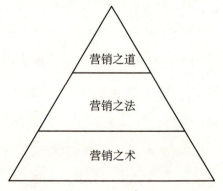

图2.5 笔者早起构建的营销三层框架

第二章　中国式营销思维——三层两向一中

底"天、地、人"哪个层次是变化的,哪个层次是不变,哪个层次是应变的。如果照搬曾先生研究成果,奠定中国式营销三层框架,势必面临"天到底是变还是不变、地到底是不变还是变"的疑问。2009年,这个疑问被笔者的博士后导师周南教授问及,笔者再次详细思考了该问题。笔者查了很多资料,再次深入研习了曾仕强先生的中国式管理,以及相关企业界的国学培训资料,找到了中国式思维——"象思维"之"象以尽意"、"观形达意"、"形看质观"等特点,反复"观""中国式管理三层"。受"反者道之动"启示,笔者终于"观"到了把中国式管理正三角倒过来,遂形成中国式营销"倒三角"的现象(见图 2.1)。以往的矛盾也迎刃而解。

　　原来中国式管理是从"形"角度来"看""天、地、人",确实高层的"天"是"变化"的,因为"天气说变就变";基层的"地"是"不变"的,因为"大地方方正正,以古人看来,它就是静止的";而中层的"人"则需要应变。通过研究,我们发现曾先生的中国式管理是对"做人"的管理,是中国企业管理中关于"人"的智慧,也是中国人做人的智慧,所谓做人"示弱"、"上善若水"、"深深海底行"。中国式营销从"质"角度"观""天、地、人",不再拘泥于"形",虽然从形上看,天气变化无常,然而天体运行却是有"道"的,天体运行的规律是不变的。从现在看来,"地"的确不是"方正"的,而是"球体",而且地球不是静止的,它是运动的。中国式营销更多是从"做事"的角度来建立研究框架,强调做营销的事要有高度,要"高高山顶立"。

　　从"反者道之动"的"形质"来"观""天、地、人",中国式营销和中国式管理三层不再矛盾,而是相互支撑,浑然一体为中国管理实践服务(见图 2.6)。从图2.6可以看出,中国式营销三角形和中国式管理三角形相对应。从"形"上看,在中国式营销三角形中,"天"壮阔,"天行健",运动刚强劲健;在中国式管理三角形中,"地"厚实,"地势坤",气势厚实和顺。两个三角形体现了"做事高高山顶立,做人深深海底行"的智慧。从"质"上看,中国式管理高高在上的"天"统领世界,一切都在掌握之中,大地宽厚无比,强调稳固大局,侧重"低调"做人;中国式营销从"天"观世界,审时度势,强调把握市场大局和营销艺术,从"地"锋利切入市场,灵活应对市场的变化,强调"高度"做事。

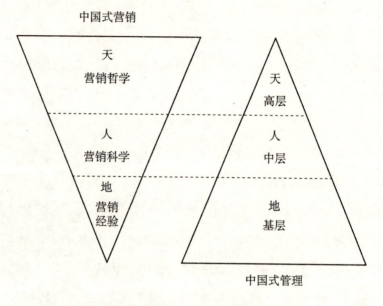

图 2.6　中国式营销与中国式管理思维三角形①

值得注意的是,中国式营销是从"象思维"开始的,通过"观物取象"从企业的具体营销活动和消费者行为中展开的,而不是凭空创造的。我们总结了丰富的营销经验,并大量研究了中国和在华跨国企业的成功、失败的营销案例,同时还深入研究中国广大消费者的消费行为和消费心理。

当然将"两向"思维运用于中国式营销就是"反者道之动"在具体营销做事中的运用。"反者道之动"启示我们做营销,当大家都往一个方向去的时候,往往会形成挤独木桥现象,用市场术语来说,前面往往是"红海",这个时候,不如掉头反方向行走,很有可能找到"蓝海"。当大家都做"可乐"的时候,我做"非可乐",当

---
① 詹志方,薛金福. 中国式营销[M]. 北京:世界图书出版公司,2011.

第二章 中国式营销思维——三层两向一中

大家都做"油炸方便面"的时候,我做"非油炸方便面"。

从更宽泛意义上"观""反者道之动"在营销中的运用,它提示我们做营销时注意"角度"。诚然如前所述,长江、黄河能在中国境内流入大海的一个重要原因是发源地高,但是我们也知道长江、黄河流入大海时,并没有走直线,而是不停地变换角度。角度变换好了,所遇到的阻力就会更小。做营销也是这样,适当变换角度,所遇到的竞争阻力就会变小,因而更容易成功。

联系到九点连线,如果我们用"三层"高度思维指导从下往上走,突破高点,可以解决九点连线的问题,同样,我们用"两向"角度思维指导从左往右延伸,或者从右往左延伸,突破九点框框边界,也能马上完成任务(见图2.7)。可见,"三层"营销思维可以表述为"营销高度",而"两向"营销思维可以表述为"营销角度"。

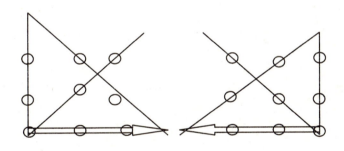

图2.7 九点连线:从左右突破

中国人思维除了有"天、地、人""三层"、"一阴一阳"、"两向",更重要的还有"一中"。这点可以从我们叫的名字"中国人"之"中"体现出来。在日常生活中,我们以"中"为核心,比如照相,一般是重要人物站在中间位置。有人说,中国人典型思维为"中庸"思维,持中秉正,进退有据。

"一中"对中国人来说,非常重要,因为没有"一中","两向"有时候会在表面上对立,"两向"对立只是事物表象,"一中"才是实质,"一中"将这些对立形态非常巧妙地融合在一起。"一中"为"道",揭示事物对立统一的规律。

"一中"可从"中庸"角度来深入剖析。"中庸"思想一直是中国人的传统思想,它是一种"中和"的思想。而中庸的思维就是"一中"。《中庸》说:"诚者,天之道也。诚之者,人之道也。"中国人将天道与人道合一,天道就是诚,人道就是追求诚,也就是顺应规律,诚心做事就是天道和人道合一。我们在变与不变中悟出"持经达变";我们在同与异中选择"和而不同";我们在方与圆中找到了圆通;我们在虚与实之间发现了"实则虚之、虚则实之";我们在"东西"、"南北"中找到了"中"。我们用"科学发展观"来化解人与自然的矛盾,我们用"和谐社会"来化解人与人之间的矛盾。

我们不但从"阴阳对立两向"角度思考,更重要的是还从运动变化的角度思考"阴阳"对立表象下的"一中"。"万物负阴抱阳,冲气以为和",虽然一切事物都并存阴阳两"气",但这两"气",阴阳互根,阴阳并济,在友好互动变化过程中冲气,冲气的结果叫"和","和"体现了"一中"。

最重要的是,"一中"内隐在中国人的心中、道德中、灵魂中。中国人内圣外王,修心修德。做人做事,"仰不愧天、俯不愧地",用"心"修"德",面对具体问题"抬头三尺有神明"、"心中有阴阳"。

有了包容的心,有了道德的魂,有了"一中"的思维,看问题更通达,解决问题更圆融。所谓"女子柔弱,为母则强",女子是柔弱的,如何又变得坚强?母爱让柔弱女子变成坚强母亲。女子成为母亲之后,为了保护自己的孩子,她们不畏惧分娩之痛,劳心之苦,变得坚强。《道德经》指出水本身是弱的,"处众人之所恶"、"天下莫柔弱於水",但水又是最强的,"故几于道"。水如何由弱变强,如何产生"水滴石穿"、"抽刀断水水更流"?关键是"水善利万物而不争",关键它还持之以恒。"利万物而不争并持之以恒"让水强大,这就是转化的思维,"一中"的思维。我们常说"吃亏是福"、"低调做人"。可见,"一中"不但是认识事物的思维方式,也是做事做人的方法。

"一中"也是中国式营销思维的核心,没有"一中"思维,中国式营销会面临很

第二章 中国式营销思维——三层两向一中

多问题,其他中国式研究,也或多或少都会有类似的问题。

如果不从"一中"来看中国式管理和中国式营销,至少表面上,这两个三角形放在一起是冲突的,脑扫描图形如图2.8所示。

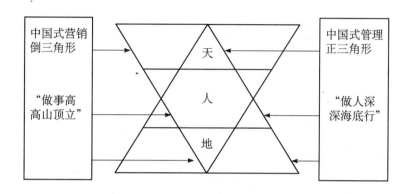

图2.8 中国式营销和中国式管理冲突示意图

如上图所示,能同时高调做事,低调做人,其实并不容易。为了做事有高度,采取的一些做事方式就可能锋芒毕露,和低调做人在形式上就违背了。然而真正的管理是做人和做事的统一,当事人的心中就必须同时牢记这两个三角形。记得牛根生先生曾经在CCTV-2《赢在中国》栏目考参赛选手的情形。

牛根生先生说,在他办公室墙上有一幅牌匾,上面有四个字:"事在人为"。他说有些人按照当今习惯念成"事在人为",有些人则按古代牌匾的读法念成"为人在事"。他问参赛选手们对这四个字怎样念,针对如此情形有什么想法。

显然,如果仅从"三层两向"来看这四个字,怎么念都不对。这四个字包含着管理学里面的"做人和做事"。其实无论是从管理实践还是管理学术角度来看,管理中的"做人和做事"关系如何?回答并不简单。有的人,天生善良(宅心仁厚),不需要理解"做人即做事";有的人,天资聪慧得出"做人即做事";有的人,历经艰难得出"做人即做事";有的人,人云亦云"做人即做事";有的人,故弄玄虚"做人即做事";有的人,口头上长挂"做人即做事"而已……

我们认为,理论大成者,对管理中如何做人和做事是有自己看法的,并没有表面的"做事即做人"那么简单,如北大王建国教授的"六维管理"思想(见图2.9)。

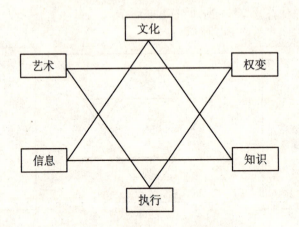

图 2.9 王建国教授"六维管理"模型

如上图所示,王教授的"六维管理"是以文化为中心,在扬弃西方现代管理理论的基础上,融入东方的管理经验和智慧,总结提炼当代管理的实践,用创新的观念和思维建立起来的一门区别于西方管理的全新管理学。"六维管理"其实是"文化、信息、知识、权变和艺术"五维加"执行"。前面讲的五个方面(五维):一个是文化,做正确的事;一个是信息,做真实的事;一个是知识,正确地做事;一个是权变,变通地做事;一个是艺术,有美感地做事。五个方面都要做好,必须相互协调,即协同地做事,最后才可以产生强大的"执行力"。王教授把"六维管理"归结为文化、信息、知识、权变、艺术和执行等方面相互依存的管理。他说:"没有文化,战略有害;没有信息,战略为零;没有权变,战略僵化;没有艺术,战略丑陋;没有执行,纸上谈兵。"

很有意思,王教授将其六维管理也概括为两个三角形。管理分为"金三角"和"银三角","金三角"即图中的正三角,它是科学管理,包括"文化、信息和知识","银三角"即图中的倒三角,它是艺术管理,包括"权变和艺术"等。

当然,王建国教授的"六维管理"主要论述管理是科学和艺术的问题,但从两

第二章　中国式营销思维——三层两向一中

个三角形的角度来看,确实也蕴含了管理中做人做事的关系。最重要的是,王教授通过两个三角形突破各自的边线,从形式上协调了两个三角形的矛盾。在内容上,王教授强调坚持正确的价值观,然后通过知识、信息、权变、艺术管理达到加强管理的执行力,这样也就协调了管理金三角和银三角的关系。

其实,除了理论界对管理中做人和做事有研究,企业大成者对管理中做人和做事的实践也有自己的看法。如企业家张瑞敏所分享的人生哲学——向孔子学做人,向老子学做事,向孙子学战略——就是一个典型的看法。

关于张瑞敏先生的人生哲学,网络上还有人在询问"到底是向孔子学做人还是学做事",或者"是向老子学做事还是学做人"。笔者没有请教过张瑞敏先生,但这个不重要了。我们一方面姑且坚持他的前一种说法,另一方面还要用之说理。按哲学界的研究,老子和孔子是两种不同的哲学,老子哲学相当于《易经》里面的"天",孔子哲学相当于"地"。老子哲学是出世哲学(无为而无不为),孔子哲学是入世哲学(明知不可为而为之)。二者至少表面上是冲突的,张瑞敏先生能协调它们作为人生哲学,确实不简单。由此,我们认为:对为企业家来说,关于"做人和做事"的关系,并没有"做人即做事"那样简单,或许就像《中国式营销》①中所讲的,做人和做事可能要经历三层:第一层做人和做事一体(本然来看),第二层"做人和做事分开来看"(从"形思维"来看),第三层"做人即做事"(以"象思维"来观,无所谓分不分,在外表上分,在内心能整体包容)②。做大企业家,关于"做人和做事"的关系可能需经历上面的一个"轮回",才能顺其自然。

虽然,中国式营销思维主要偏重于从"做事"的角度来研究营销,但是,营销是做人和做事的统一,我们也从"一中"的角度来协调营销中的"阴阳"(见图2.10)。

---

① 詹志方,薛金福. 中国式营销[M]. 北京:世界图书出版公司,2011.
② 据哲学界和《中国式营销》研究,中国人思维主要"从整体看事物,具有合、思辨、模糊、定性的特点",可总结为"象思维","观物取象,象以尽意"。而西方人思维主要"分开来看问题,具有分、计量、精确、逻辑等特点",可总结为"形思维"。

图 2.10　以"一中"来观"营销"阴阳

如上图所示,营销人要从"一中"角度"用心"来"观"营销,要在营销中通过阴阳互根、阴阳并济、阳亢阴实来"冲气",实现营销中的"和";要"发善念"来正确对待中国营销中的"实用"和"关系";要用"心正"来把握中国营销中之"交易"和"交情";要以"德"为基来承载中国营销中的"惠"和"优";要凭"义"来对待中国营销中的"利"和"名";充分满足消费者的"基本需求"和"精神需求",进而满足消费者的"圆满需求"。以上为基,赢得市场份额、情感份额,最终赢得天下的"道"份额。

从"一中"角度,最重要是营销人要明白,柔弱如何才能变刚强,就像低调的管理者如何才能高调地做事。答案是"心"。女子柔弱变坚强是因为有母爱之心;基层员工由小变大的关键在于虚心做人,专心做事;弱小的水能穿石在于恒心;销售业绩为零的销售代表做到销售冠军在于热心、信心和恒心。

抽象的"一中"思维要成功运用到中国营销,营销人主要应注意这么几点:第一,用心做营销,常言道,努力能把事情做完,认真能把事情做对,用心才可能把事情做好;第二,营销之道,德为先,营销的关键是道德,违背道德的营销不能长久,违背道德的企业也不能长存,道德是营销的灵魂,道德是企业长青的基因。第三,持之以恒做营销,营销要用心用劲,持之以恒,每天进步一点点,在一个方向上持续积累,才有可能成就伟大的营销事业。

第二章 中国式营销思维——三层两向一中

联系到九点连线,用"一中"的思维,我们首先从中线开始连线(见图2.11),由此开始,用心观,最终也能成功解决问题,而且重要的是,我们从更高的角度解决问题,在此过程中,也要胸怀"一中"那条线,这样完成任务才"和"了。

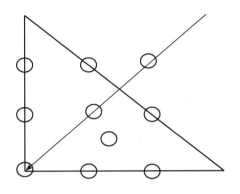

图 2.11 九点连线:从"中心"开始

四 小结

三层两向一中,或多或少有点抽象,我们用更通俗的词汇来归纳三层两向一中,即营销的三度:高度、角度、态度。

我们用图 2.12 来表示中国式营销思维。

首先,从"三层"看中国式营销要有高度。营销学科的构建,是从营销经验慢慢上升到营销科学再到营销哲学,营销人员的晋升也是从一线业务代表慢慢上升到营销(或销售)经理再到营销总监。记得培训师魏庆曾经讲了一个经典的比喻来描述营销人员的升迁及工作:销售业务代表是"白兔",而销售经理是"乌鸦"。兔子为了产生业绩,满城跑,而"乌鸦"很多时候懒洋洋地坐在高高的树枝上,只是"嘎嘎"叫几声而已。有一天,一只很累的兔子看到懒洋洋的乌鸦,很不服气,就对乌鸦说,"乌鸦先生,你什么事情都不做,只知道嘎嘎叫,你凭什么高高在上?"乌鸦见此情形道,"既然这样,那么咱俩换一个位置"。这样乌鸦下了地、白兔上了树。然而白兔刚上树,旁边就过来了一只狐狸,把白兔吃掉了。魏庆把故事讲到这里,幽默了一把,说,"兔子要能上树,必须够黑"。

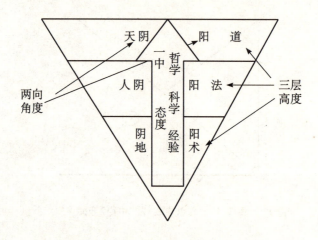

图 2.12 三层两向一中、高度角度态度

魏庆其实想告诫那些想做销售经理的优秀业务代表,上树以后不要再像兔子一样满城都跑、冲锋陷阵抓业绩,而要改变理念、改变习惯,要"白骨"染成"黑羽",才能做销售经理。这个比喻形象地说明了,营销人需要根据营销管理层次的不同而改变观念和做事方法。营销人如何才能不断改变观念提升自己的管理层次呢?方法就是"像总裁一样思考,像秘书一样做事"。如果你是销售代表,在勤勤恳恳、踏踏实实做事时,更需要认真思考如果是营销经理他会怎么做?他为什么叫我这么做?如何才能做得更好?有没有其他更好的方法?营销经理如何思考这个问题的?

其次,从"两向"看中国式营销要有角度。从质的方面看,任何事物在任何层次都包含"两向",而两向又是相互调和的。作为一线营销人员,要像老板一样思考,像员工一样行动;作为营销干部,既要做一线员工的导师,也要执行领导布置的任务;作为营销高层,对外要做好经营,对内要做好管理,两者相辅相成。

第二章 中国式营销思维——三层两向一中

最后,从"一中"看中国式营销要有态度。营销要成为企业全体员工的重心,营销不仅仅是营销人员的事情,而是整个企业的事情,现在到了全员营销的时代。营销要成为员工的一种精神,一种积极向上的文化和价值观。企业要讲究营销道德,全员上下一心,用心做营销。真正形成"只要思想不滑坡,方法总比问题多"的积极的企业文化。

第三章
中国式营销核心概念

思维离不开概念。中国式营销思维,离不开中国式营销概念。支撑中国式营销的概念,除了前面所涉及的"三层两向一中",脑扫描图形中还有营销概念、顾客概念、产品概念、品牌概念、定位概念、媒体概念、免费概念等等。

一 营销是什么

"一千个读者就有一千个哈姆雷特。"这里特意选取西方的一句名言开头,意在强调如何来看"营销"。

营销作为一门学科,只有100多年历史,然而仅仅关于"营销是什么"的定义就有上百种,至于一般人对营销的看法,更是繁若星云。当然,不同的看法,就会产生不同的营销行为。

虽然,学过营销理论的人,大体上都赞成"营销不等于销售",但是,真正做营销的时候,很多人又把"营销和销售混淆起来"。对很多中小企业家来说,能卖出货,就是硬道理,所以他们也格外看重销售。

当然,营销确实不能等同于销售。那么营销是什么? 下面列举一些典型的

第三章 中国式营销核心概念

看法。

首先,从学术角度来看营销。营销学自 20 世纪初出现以来,就获得了蓬勃发展,各个流派相继出现。刚开始,出现了商品学派、职能学派、区域学派、机构学派、功能主义学派;接着出现了以科特勒的著作《营销管理》为代表的管理学派;后来出现了行为主义学派;近年来又出现了服务营销、关系营销、内部营销、绿色营销、网络营销、体验营销、整合营销等理论。各个学派从不同的视角研究营销,有不同的基点。如职能学派认为:营销和生产、会计等一样是企业的一种职能;管理学派认为:营销是"价值的创造、传递和维持";关系营销学派认为:营销是"关系的建立、维护和持续"。

其次,从实践角度来看营销。营销作为一种实践活动,早于营销学科的出现,可以说有商业活动,就肯定有营销活动。商业活动有上千年的历史,营销活动也就有上千年的历史。所以,在实践部门,对营销的看法比学术界更丰富。目前,在中国实践部门对营销的典型看法有"销售说"、"攻心说"、"战争说"、"两件事说"、"'拉登'说"等等。

"销售说"认为"营销就是卖东西,要卖得巧、卖得妙、卖得好、卖得贵"。这种说法,只是表面上像"销售",但是实质上带有营销的成分,因为要实现卖得"巧、妙、好、贵",单凭销售观念不能达到目标。

"攻心说"认为"营销就是攻心"。这种说法认为,要赚钱就要了解消费者的心。世界上有两种钱好赚,一种是小孩的钱,一种是女人的钱。然而要赚这两种钱,必须得了解小孩的心和女人的心。然而"女人的心、小孩的心"都是"海底针",并不好了解,也不好攻克。

"战争说"认为"营销就是软战争"。这种说法认为,"战争是解决人类沟通障碍的有效方式"。它采用了类比说理:侵华战争的时候,日本每年向中国输送了上万辆军车,现在每年也对中国销售了上万辆轿车,不同之处是,前者是硬战争,沾满了鲜血,留下了仇恨;后者是软战争,送来了香车,带走了真金白银。"营销

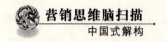

是软战争",把营销上升到了企业家使命的高度。

"两件事说"认为"营销干了世界上最难的两件事"。这两件事分别是"把你的思想变成别人的思想"和"把别人的钱变成你的钱"。"营销就是把你脑袋里的思想掏出来放到别人的脑袋,别人的脑袋指挥他的手到他的口袋,把他的钱从口袋里掏出来放到你的口袋的过程"。第一件事或多或少有"洗脑"的嫌疑,当然"洗脑"成功了,后面的另一件事情相对来说就比较简单。

"'拉登'说"认为"营销是拉登"。这种说法最"雷人",也最具有"民族自尊心"。因为"现代营销之父"科特勒为外国人,我们不能落后于外国人,所以"'拉登'说"提出来了一个非常严肃的问题,"营销之母是谁?"这种说法认为营销之母为唐朝陈子昂!

陈子昂为唐朝文学家,年少时琴棋书画样样精通,尤其是字写得非常好,于是决定去京城参加科举考试,遂带钱粮上路,然快到京城时,发现带的钱不足。这个时候,他是两难处境了:回去拿钱,时间不够;继续前往京城,钱不够。怎么办?陈子昂决定卖字。可是字是艺术品,一般人不了解其价值,又怎么办呢?

他首先找到了一个大的城镇,然后在当地最好的琴行租了一把最贵的琴,在城楼上弹了起来,曲子一曲比一曲高亢。消息不胫而走,来欣赏的人越来越多。

陈子昂一边弹琴一边观察着被琴声"拉"过来的人数,人越来越多,演奏逐渐达到了高潮。在高潮之处,陈子昂猛地站起来,狠狠"登"(瞪)了一脚,把琴摔断了。

场面顿时静止了,众人皆瞪大眼睛看着他,陈子昂缓缓地说了一句:"我是蜀人陈子昂,爱好琴棋书画,尤爱书法,经赶考路过宝地,见一古琴,遂兴起弹之,然琴徒有其表,不能表我心情,遂摔之。"

人们完全被他的话震惊了,大部分人在想,"用我们这里最好的琴,都无法弹出他的水平,不知道他的琴艺水平有多高!还有,他的书法要比琴好,可见其书法有收藏价值"。于是,很多人就开始请陈子昂写书法,陈子昂卖字成功!

第三章　中国式营销核心概念

陈子昂摔琴卖字确有其事,以营销的眼光来看,也确实是经典"炒作"。虽然我们不能由此认为"营销是拉登",但是我们中国人的营销智慧是不容怀疑的。而且"营销之母是陈子昂",或多或少能激发我们的民族自尊心和自信心。在当今全球竞争形势下,我国企业家确实需要具有这种自信心。

结合以上的各种观点,我们也给营销下一个初步定义,营销是"价值感的营造、传递和价值感关系的维持"。

乍看起来,这个定义和科特勒大师的最新的营销定义类似,但是我们还是花一些时间来说明一下不同点。

首先是"价值感的营造"而不是"价值的创造"。之所以在"价值"后面加一个"感",是为了突出价值是一种主观感觉,同时也是为了彰显营销价值的顾客导向。价值是主观的还是客观的,在经济学里面有一定的争议,但我们不能因为理论的争议,而使得行为停滞。为了避开争议,更为了符合营销学科特点,我们强调"价值在营销中主要为一种感觉","从营销学科来看,商品的价值只有为顾客感知到了才有价值,或者在体验经济时代,商品的价值只有被顾客体验到了才有价值"。为了强调这点,我们举几个反例来说明。它们都是商品在商家眼中有价值而在消费者心中没有价值感的失败案例。

国外某知名手机公司的"铱星计划"就是西方一个著名的"有价值没有价值感"的失败案例。铱排在化学元素周期表的第77位,按照该手机公司的设想,如果发射77颗通讯卫星到太空,在全球任何地方,无论南极还是北极,也无论珠穆朗玛峰还是太平洋中心,手机都可以接收到信号。铱星计划能实现手机信号的无缝连接,信号无处不在,在商家眼里,价值显著。然而绝大多数消费者感觉不到它的价值,因为普通一分钟的通话费用要3—7美元。除了大海上面几个开采石油的人能感觉到铱星计划的价值外,绝大多数消费者感觉不到铱星计划的价值,在他们眼里只有高昂的成本。于是,这个花费了数亿美元的"铱星计划"不得不宣告失败。

国内两个银行改善服务质量的例子也说明了"有价值没价值感"的情况。两个银行决定改善服务质量，一个银行用了很少的投入，进行了前台改革，在大厅增加了一个电脑，上面有排队程序，然后增加了几排椅子。这样顾客到该银行，再也不用站着排队，而是先在电脑上取号，然后坐着等就行了。另外一个银行花巨资对银行后台营运系统进行了改良，提高了后台系统的服务效率，就该银行的技术人员来看，他们认为这项改善有巨大的价值。然而两个银行对顾客的调查研究表明，绝大多数消费者认为第一个银行的做法更有价值，服务质量更好，而第二个银行的价值没有得到承认。

基于以上情况，我们强调"营销的价值感"，特别强调要从客户角度来理解价值(感)。价值感概念囊括了营销"攻心说"的精华。当然"价值感"作为一种感觉，我们认为用"营造"这个词修饰它更好。"营造"涵括"创造"，但又不等同于"创造"。它也强调了营销的一个主要功能——"营"。显然从字面意义来看，"营销"是"先营后销"，"营"是"营销"这个词汇的重心。当今，社会正进入体验消费时代，很多消费者为了感觉而去消费，营销人要看到这种趋势，积极运用一切"道具"去"营造"消费者能体验到的价值感。从体验营销角度来看，一切商品都将成为道具，消费者重视的是体验。显然，"营造"更体现了"体验经济、体验消费、体验营销"的特色。

还有，"价值感的营造"而非"价值的创造"也更能囊括当今中国营销的一些实战情况。"创造价值"，往往需要巨大投入，而我们很多中小企业往往没有这个雄厚的基础来"营销"，可以说，中国绝大多数中小企业需要的是"低成本"的营销。比如其他都不变，换换包装，就营造了价值感，创造了销量。如某生产速冻饺子的公司，原来包装饺子的盒子上画了密密麻麻的饺子，营销效果并不佳。后来，实战营销高手换了包装图案，用吃了半截的大大的露出香气和馅的半只饺子图案取代了原来的密密麻麻的饺子图案，结果该公司的饺子销售量就增加了。用半只饺子图案换原来的图案，谈不上创造了多少价值，但是半只饺子图案却给

第三章 中国式营销核心概念

看到它的消费者营造了价值感。据调查,很多消费者看到"半只饺子",嘴里就分泌唾液,产生了购买欲望,因此销售量就上升了。该营销方案成本不高,效果显著,我国绝大多数中小企业需要这样的营销方案。

至于,我们营销概念中"价值感关系的维持",是结合了当今关系营销的观点。关系营销是当今西方营销的新范式、新理念,强调与顾客建立、维持关系,强调要跟顾客做一辈子的生意,而非一时的生意等,因而在西方很受欢迎。我们吸取关系营销的精华,也强调与顾客关系的维持,但是我们更强调这种关系是有价值感的,是"价值感关系的维持"。也就是说,和顾客维持的关系,既要对顾客有价值感,也要对自己有价值感,如果仅仅一方有价值感,这种关系是不值得维持的。仅仅对顾客有价值感的关系,我们认为企业也应该主动"终止"。毕竟做企业不是做慈善,企业有企业的使命,不盈利的企业是不道德的。

最后,回到主题。营销是什么?我们再强调一遍,"营销是价值感的营造、传递和价值感关系的维持"。

二 顾客是什么

顾客是什么?很多人会不假思索地回答"顾客是上帝",也有很多中国企业确实把顾客当做上帝,但营销效果并不佳。然而顾客到底是不是上帝,在什么条件下是上帝,很多人没有深入研究。

培训专家高建华曾说,"顾客是上帝为翻译错误,在西方没有顾客是上帝一说,或者说,西方即使有顾客是上帝一说,西方人心目中的上帝,也绝不是中国人理解的那个上帝"。

关于西方有没有"顾客是上帝"的说法,我们姑且不详细考证。只是先看看营销专家科特勒是如何定义顾客的。

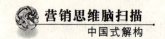

我们查阅了科特勒和凯勒合著的《营销管理》最新版。在该著作中,科特勒先生并没有对顾客进行专门定义,在论述市场的时候,提到"营销者经常利用市场这个术语来指代各种各样的顾客。一般而言,他们往往把卖方的集合看成行业,而把买方看作市场。有时,他们也会谈及需求市场、产品市场、人口统计市场、地区市场或其他市场,如选举市场、劳动力市场和捐赠市场……主要的顾客市场包括消费者市场、组织市场、全球市场和非营利市场"①。可见,科特勒主要结合市场的概念论述了顾客,并没有提及顾客是上帝。那么为什么我们很多人会不假思索地回答顾客是上帝呢?

我们认为,"顾客是上帝"一说,最大的好处是能彰显营销以顾客为导向的特点,强调了对顾客的尊重。而且"顾客是上帝"形象生动,琅琅上口,确实能帮助国人营销意识的启蒙。但是,"顾客是上帝"并不是等同于对顾客无条件地服从。如果无条件地把顾客当做上帝,就是我们对"顾客是上帝"的错误理解。

我们觉得,"顾客是上帝"这句话,或许更适用于西方国家,因为西方国家,往往是信奉上帝的。"上帝是什么?"在这些国家,这根本就不是个问题。他们可以告诉你:上帝是救世主,上帝是父亲,上帝给我们衣食,上帝是慈悲的化身。而由于文化的差异性,在我们大多数人的观念中,"顾客是上帝"这句话中的"上帝"已不是原本的含义,而是异变成了"皇帝",或者更接近于"玉皇大帝"。在这里,上帝的仁慈悲悯不存在了,取而代之的是玉皇大帝的高高在上和绝对权威。这种关系的错位,使得平等的交易和不平等的观念生发了悖论,经营者和消费者之间出现了博弈。博弈的结果,是互相的不信任。听任这种情况发生,能实现"顾客第一"吗?

显然,按照大多数中国人理解的"上帝"来对待"顾客",不太符合西方的"顾客是上帝"的精髓,也不符合现代营销实践。

---

① 科特勒,凯勒. 营销管理[M]. 上海:格致出版社,2009.

第三章　中国式营销核心概念

我们知道,现代营销主要发生在市场经济中,而市场经济的本质是法制经济和平等经济。如果企业无条件地服从所谓的"顾客是上帝",就违背了市场经济平等交易的本质。在以前,我们可以理解"顾客是上帝"为什么能流行而且在中国业界受到重视。因为以前的中国市场经济刚从卖方市场转到买方市场,企业作为组织,相对于零散的顾客来说,处于强势地位,中国企业要改革,首先得充分尊重消费者,那个时候强调"顾客是上帝"是大势所趋。还有,那个时候,营销理论和信息技术都不发达,大部分企业无法识别优秀的顾客和不赚钱的顾客,为了不误伤优质顾客,就笼统地把顾客当做上帝对待。现在,营销理论和信息技术都发展了,企业能够识别顾客的好坏,他们真的会把不赚钱的顾客当做上帝吗?我想肯定不会。在业界的一些做法是,如果一个企业能识别出来不赚钱的顾客,他们没有把这些顾客当做上帝,而是转介绍给"竞争对手"!

看来,营销理论有必要澄清"顾客是什么"了。近来,很多营销人开始反思这个问题。仁者见仁,智者见智。有人认为,顾客是亲人、朋友、情人,甚至是"丈母娘",还有人认为企业、员工才是上帝。

我们认为,企业是上帝,意思是把企业经营得像上帝一样备受顾客追捧膜拜,这只是愿望,没有任何意义。而员工是上帝,意思是要善待员工,这是人力资源管理探讨的事情。

顾客是亲人,这种理解问题很大。因为在传统家文化的影响下,我们认为亲人之间是不宜做生意的。原因有三:第一,亲人之间是一家人,赚亲人的钱等于没有赚。第二,传统利义思想认为,赚亲人的钱是利的表现,这与亲戚之间的情与义相矛盾,容易伤和气,且属于小人行为。第三,传统人际关系差序格局决定了亲人就是亲人、朋友就是朋友、老乡就是老乡,把顾客当做亲人,是牵强套近乎。所以,中国人显然很难接受顾客是亲人的说法。

顾客是朋友的说法其实也不妥。中国人对朋友的理解是非常复杂的,俞伯牙与钟子期惺惺相惜是朋友,"君子之交淡如水"也是朋友,"酒逢知己千杯少"是朋友,人走茶凉也是朋友。好朋友之间做生意是最好的,但是朋友概念太大,每个人对朋友的理解都不一样。所以,我们经常看得到,你把顾客当朋友,顾客把你当傻瓜。

顾客是情人的说法有一定的道理,对待情人要以情动人,这符合中国人情理法思想,也是中国式营销的必修课。但是,情人在许多中国人眼中,还是一个贬义词,不太能接受。还有,如果中国企业像百般地呵护情人一样对待顾客,不但企业受不了(成本太高),连顾客也受不了(无故献殷勤,非奸即盗)。

从实践中发现,企业对顾客的看法,必须能让顾客理解和接受,最重要的是要符合中国人的心理和思想。其实,企业对待顾客就是以顾客为中心。如何理解以顾客为中心呢?答案是尊重!在尊重顾客的前提下以顾客为中心。所以,我们认为中国的顾客是熟人。

中国人最尊重哪类人?不是朋友也不是亲人更不是情人,是熟人!熟人情感恰到好处地表现了企业与顾客之间的情感,也只有把中国的顾客当成熟人,才能做好中国式营销。

在中国传统差序格局的人际情感中,并没有企业与顾客的关系,更没有企业与顾客之间的情感。强行地将亲人关系、朋友关系、情人关系扣在企业与顾客关系上,中国人显然是不能接受的。企业与顾客的商业关系是当代中国形成的新型关系,本质上属于熟人关系。

为什么把中国的顾客当成熟人是最好的诠释?原因有:第一,熟人关系不亲也不疏,既能维持情感关系又能维护利益关系,做到利与义的完美结合,解决传统利义思想与经济人假设思想的矛盾。第二,熟人关系相互依赖但不相互依存,企业能够在主动与被动之间找到平衡。第三,熟人关系相互尊敬但不相互恭维,相互欣赏信任但不追捧放纵。一方面消费者非常乐于接受尊重、信任的情感;另一方面企业既能满足顾客需求,又能最大限度地降低营销成本。这样就能同时实现顾客价值和企业价值。

第三章 中国式营销核心概念

把顾客当成熟人,才符合中国的文化,才能更好地实现顾客价值和企业价值。只有这样,当你对顾客微笑的时候,顾客也就会尊敬地向你微笑。这就是中国式营销的真谛!这个时候,中国企业应该明白,为什么企业的微笑服务一直停留在会议上。因为销售员不会向假想的上帝、情人、朋友、亲人微笑,那是傻的人做的事情。顾客更不会莫名其妙地还以微笑,因为那是比傻子还傻的人做的事情。微笑服务从熟人开始,从这里开始。

当然,我们也可以把顾客类比为"恋人",把顾客当做"恋人"符合市场经济的平等关系本质,最重要的是,把顾客当做恋人,可以使得企业更关心自己的顾客,了解顾客的心,充分满足顾客的需求,从而维护好企业与顾客的关系。

因此,顾客是什么?我们认为顾客是熟人,顾客是恋人。

介绍了顾客的本质后,我们继续介绍中国式营销里面顾客一个很重要的特征:"顾客是被包围着的"[①]。用学术术语来讲,顾客是关联着的。

"顾客是被包围着的",这一说法能带来巨大的营销创新。有了这一说法,营销创意就可以说是无止境。我们以案例来解构这一说法的巨大启示。

某地区有一家生产醋的厂商,想提高醋的销量。于是,就运用了"顾客是被包围着的"这一原理。

显然,购买醋的顾客主要是家庭主妇,现在,家庭主妇大部分习惯在超市购物。大部分超市,下面设有停车库,按照规定,只要在超市购物达到一定的金额,就可以有免费停车时间。所以为了享受免费停车,有些家庭主妇都会想办法凑足购买金额,至于为了凑足金额,她们购买什么,则是根据自己的喜好原则来挑选的。

基于以上分析,怎样利用"顾客是被包围着的"来提高醋的销量呢?问题本质就变成了家庭主妇是被谁包围着的?从包围着家庭主妇的顾客着手来创新营

---

① 史宪文. 现代企划[M]. 北京:清华大学出版社,2011.

销,就成了解决该营销问题的突破口。当然,从不同的角度思考包围着家庭主妇的人群,就有不同的营销解法。如有人认为家庭主妇是被丈夫包围着的,于是就可大打情感牌,营销口号可变为"亲爱的,学会吃醋哦",这是一种解法。还有人认为家庭主妇是被小孩包围着的,就从小孩思考,使醋与小孩发生关联,于是乎,想法层出不穷:如有的建议突出吃醋有利于小孩健康;有的提出把醋瓶子做成小孩喜欢的卡通形象……这个生产醋的厂商最终的做法也是从"包围家庭主妇的是小孩"展开营销创新。他们对醋的瓶盖进行改良,把瓶盖改成口哨形状,而且只装半瓶醋。由于醋具有易挥发等特点,半瓶醋经过摇晃,瓶内瓶外空气有压力差,这样瓶盖口哨就会发出小孩喜欢听的音乐,而且这种音乐会随着醋量的变化而变化。这就是著名的"半瓶子"醋的营销故事。

"半瓶子"醋定价和一瓶子醋价格相当,但是销量非常不错,因为小孩在吃饭的时候,经常嚷嚷要放醋,当然,可能小孩的主要目的是听那悦耳的音乐。而吃醋又有利于健康,家庭主妇在超市里面为了凑足免费停车的金额,也自然而然增加了"半瓶子"醋的购买。

营销高手史玉柱先生东山再起的时候,也有意无意地运用了"顾客是被包围着的"原理。史玉柱先生基于脑白金的客户"老年人"是被子女包围着的,特意选取了无锡江阴做样板市场来开发。

因为老年人是被子女包围着的客户,企业开始就把营销对象定为子女群体,以至在江阴等小城市,脑白金被当成一种孩子孝心的象征品。所以见到以下现象也就不奇怪了,如有些老太太,到大街上到处去捡脑白金的盒子,放在窗子上,来证明自己孩子比别人孩子更加有孝心。又如,一些郊区的老年人,把吃完的脑白金盒子一律放在客厅窗台上,图的是邻居一进门说一声,"哇!这么多脑白金,您儿女真孝顺"。从这里,我们也能明白为什么史玉柱先生选择江阴而不是深圳这样的地方做样本市场。因为深圳市场虽然保健品意识很浓,但是深圳是一个典型的移民城市,在深圳工作的人的爸妈一般不在深圳,所以史玉柱先生当然不

第三章 中国式营销核心概念

会选深圳做样本市场。

笔者曾经给本科学生讲过"顾客是被包围着"的原理,并要求学生就此对江西某品牌香烟提出创新营销的思路。

近年来,江西某品牌香烟依靠"中药入烟"、"默默无声的功"等营销口号,迅速崛起。之所以能这样,是该烟强调"中药入烟",淡化消费者心目中吸烟有害健康的观念,甚至使得一些消费者认为吸烟还有利于强肾和强身,即所谓"默默无声的功",于是该烟销量大增。

当然,我们也知道,大部分烟民都不会真正认为吸烟有利于健康,但重要的是,大部分烟民戒不掉烟,所以他们会选择性地扭曲吸烟有害健康的信息,选择性地记住吸烟的一些所谓优点。这些都是为吸烟而找理由,以此来淡化吸烟有害健康的矛盾心理。现在"中药入烟"、"默默无声的功"正好给了他们继续吸烟的理由,这样香烟的销量自然而然会增加。

然而该烟发展到一定程度后,遇到了瓶颈:在中高档香烟市场上,被湖南芙蓉王香烟打压;外省也冒出来很多竞争者,如五叶神也在强调中药入烟。该烟如何突破瓶颈?笔者和学生一起结合"顾客是被包围着的"原理,给出了初步方案。

显然,烟民是被非烟民包围着的。在一个家庭里,爷爷、爸爸抽烟一般会遭到反对,尤其是受到"非烟民代表"小孩的直接反对。针对这种现象,能不能基于"非烟民",而开发出来第一支"绅士"烟呢? 如是,我们给出了一个新的营销方案:×××绅士烟。该烟一包十八支,宣传暂时借用湖南圣得西服装口号:"关爱他人,善待自己,×××第一"。理由如下:吸烟有害健康,吸烟要关爱他人,然而烟民也很难戒掉烟,那怎么办,就抽绅士烟,烟民"善待自己,还关爱他人",何乐而不为。

当然,业界关于"顾客是被包围着的"营销创意还有很多。比如,某高校的宾馆和酒店,由于高校地处郊区,而目标客户在城里。城里的客户跑到郊区来吃饭路程也实在远,所以生意一直很冷淡,经常处于亏本状态。怎样利用"顾客是被包围着的"来振兴酒店和宾馆生意呢?

于是有人想到了该高校的匹配资源,原来该高校有1 000名教授,而这些教授显然是被各地学生包围着的。营销人士建议,由宾馆和酒店牵头,倡议为母校教授办生日庆典。把庆典信息发布给教授的得意门生,然后由得意门生再发动其他同学来为教授祝寿。毕业的同学们好久没聚,有这样的理由聚会,当然也会乐意。通过这样的方式来开拓该高校宾馆和酒店生意,效果是可想而知的。因为有1 000名教授,一年至少有1 000个生日。何况中国人有两个生日,阳历生日、阴历生日。这样平均每天都有好几个教授过生日,酒店和宾馆的生意就可能迅速好转!

由上可知,从"顾客是被包围着的"理念出发,潜心思考,营销创意会层出不穷,把顾客当做熟人去了解,并了解包围着他的人;把顾客当做恋人去爱护,并爱护包围着他的人,那么营销创意无止境。

三 产品是什么

产品是什么?能满足人(消费者)需要的一切东西,都是产品,它包括有形产品和无形服务。按照科特勒的说法,"任何一种能被提供来满足市场欲望和需要的东西,包括有形物品、服务、体验、事件、人物、地点、财产、组织、信息和想法都是产品"。①

我们认为,在商业社会,很多东西在不同层次上都异化为产品。一般微观市场上的商品统统为产品,如柴米油盐酱醋茶为产品,汽车、摩托车、三轮车为产

---

① 科特勒,凯勒. 营销管理[M]. 上海:格致出版社,2009.

第三章　中国式营销核心概念

品,手机、电脑、电视为产品,冰箱、空调、电风扇为产品……从中观层次来看,区域经济、产业集群、城市也可以看成产品,进行营销;从宏观层次来看,国家与国家也可以类似看为产品,展开国家营销和国家品牌的塑造。更有意思和有争议的是,在资本市场,一切都异化成资本产品。如我们认为人是不能当做产品的,而人是可以营销的,所以现在有个人营销、个人品牌塑造,而在资本世界,人完全可以异化为特殊的产品——资本品,如超女,在资本炒作中,更多成为了具有投资和赚钱功能的资本品。

中国式营销思维认为,在现代商业社会,产品无穷无尽,关键是站在哪个层次和哪个角度来看待。所以,做营销时,不要局限于原有的思维,仅仅从微观层次来看待产品。可以说,凡是能满足人们某种需要的一切东西都是产品。

图3.1　马斯洛需要层次图

按照马斯洛的需要层次论(见图3.1),人的基本需要分为五个层次,似乎基本需要不多。我们认为基本需要不多,不代表人的需要不多,从广义的角度来讲,人在基本需要的基础上,会引申出来种种需要,而这些需要在现代商业社会会有很多具体的指向物,这些指向物就成了营销学术上所讲的欲望。显然即使需要有限,而人的欲望却是无穷的。这就是所谓的"人心不足,蛇吞象"。人的心很奇妙,容量巨大,内涵丰富。

中国式营销紧靠消费者心理来解构产品内涵产品。据消费者行为学的研究,消费者身上存在着几个不同的我。通俗地讲,消费者身上有"自己眼中的我——自我,他人眼中的我——他我,理想的我——超我"。一般来讲,这三个"我"要尽量接近,否则消费者心理就会产生不平衡,产生不平衡后,消费者就会采取种种办法来维护平衡。我们用图3.2来形象地表示这种状况。

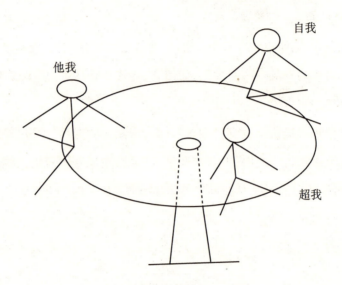

图3.2 消费者心理的三个"我"

如图3.2所示,在柱子支撑的圆盘上坐着三个"我",三个我分量接近,才能使得这个系统长久存在,如果三个"我"长期发生了严重的偏差,这个系统就肯定会崩溃。这个时候,就相当于一个人长期心理失衡,迟早会崩溃一样。

为了弥补心理的不平衡,人会采取种种办法,比如"超我比自我要好",人就会以"超我"为目标,发奋图强,通过种种努力使得"自我"接近理想的我。人作为消费者,在现代商业社会,弥补心理不平衡的方法越来越多。其中一个重要的办法就是消费产品。

所以,为了进一步扩大产品的范畴,结合消费者心理,我们认为产品很多时候是弥补消费者心理不平衡的产物。

关于这一说法,有营销人士做过实验。该营销人士在外面做讲座,对主持人做了一个实验。讲座主持人为刚刚大学毕业的二十出头的女士,漂亮有涵养。

第三章 中国式营销核心概念

营销人士等两小时讲座结束之后,特意和主持人聊天,第一句话就问,"主持人,你有三十几岁了,样子这么憔悴",只见主持人眼睛一瞪。不久后,这个营销人士安排助理去跟主持人聊天,当然,助理的第一句话是"主持人,你干这个工作有十多年了吧,看你有点历经沧桑的感觉"。经过这两次聊天后,营销人士安排另一个助理注意主持人的行为。

结果,中午吃饭的时候,女主持人没有吃饭,而是早早跑到街上,光顾了美容店,后来又找到了一个化妆品专柜,买了一套昂贵的化妆品。

我们认为,做这样的一个实验是不道德的,虽然事后营销人士进行了说明和补偿,但依然是不道德的。但是这个实验也确实说明了一个道理,产品有时候确实是用来弥补消费者心理不平衡的。

在这个试验中,女主持人的心理本来是平衡的,也就是她认为自己是漂亮的,在他人眼中也是漂亮的,她理想的我也是漂亮的,事实上也是漂亮的。然而,两次交谈后,反馈的信息是"他人眼中的我"是不漂亮的。自此,女主持人心理发生了不平衡,为了弥补这种不平衡,她选择了光顾美容店,想用美容服务来弥补心理不平衡,当然最后她买了一套昂贵的化妆品也是为了弥补心理不平衡。

"产品是用来弥补消费者心理不平衡的",竟然被经济学家魏杰来用来解释当年国有企业老板的消极行为和59岁现象。

魏杰教授在有关经济体制改革的著作中写了这样一段故事,主要用来说明国有企业要改革产权的。不过,他故事里面正好说明了"产品是用来弥补消费者心理不平衡"的道理。

魏杰说,为什么国有企业的老板要奢侈消费呢?因为他们时常心理不平衡,奢侈消费是为了弥补心理不平衡。在没有实行年薪制的时候,国有企业的老板创造了巨大的价值,然而他只能拿到较低的工资。面对自己创造的巨大财富和相比不高的工资,国有企业的老板心理常常处在严重的不平衡中。法律规定不能拿,但是法律好像没有规定不能花,况且在职消费在那个时候是一个说不清的东西,于是乎,有些国企老板在拿不到自己创造的财富情况下,就拼命花。

魏杰说,有次他给 EMBA 班上课,班上有一个特大国有企业的老板,第一节下课后就跑上来,说中午要请他吃饭。魏杰说,老板不用客气。因为下午还要上课,魏杰想自己简单解决中餐问题。没想到,到中午的时候,老板又来邀请,说一定给他一个面子,去吃个饭。

谈到面子的份上了,魏杰教授就不好再拒绝,遂答应了,老板特高兴。但魏杰教授提出就到校门外吃碗几块钱的阳春面。老板坚决不同意,说请魏老师这么大牌的教授,怎么可以在普通面馆吃呢。虽然魏杰自己很想在阳春面馆解决问题,但是熬不过人家老板的好说歹说,还是被老板请到了五星级酒店。

在五星级酒店特大的包房内,魏杰老师自我感觉吃得一点都不舒服,因为偌大的餐桌上,点着丰盛的菜,最要命的是,包厢中还有 12 个服务员,那些服务员在他们吃饭的时候,时不时还插上一句"先生,您还需要点什么"。反正,魏杰是吃得不舒服,但是他发现国企的老板吃得相当的舒服。魏杰在讲完这个故事后,幽默了一把,他说他那顿饭吃明白了,国企老板之所以吃得舒服,而自己吃得不舒服,是国企老板把心理的不平衡通过吃饭转移到他自己的身上。

很显然,这顿饭在这里是弥补国企老板心理不平衡的。

上面,虽然我们用通俗的故事说明了"产品是用来弥补消费者的心理不平衡的"道理,但并不是建议营销人士像故事中一样,去激发消费者的心理不平衡。我们的真正意思是:要从消费者的心理深处,挖掘产品意义,结合消费者心理展开营销。

在这里,还有必要谈一下和产品密切联系的品牌。品牌是什么? 这又是一个非常迷人的概念。

据美国市场营销协会(AMA)(1960)定义,品牌是一种名称、术语、标记、符号或设计,或是它们的组合应用,其目的是借以辨认某个销售者或某群销售者的产品或服务,并使之同竞争对手的产品或服务区别开来。

第三章　中国式营销核心概念

奥美的创始人大卫·奥格威在 1955 年是这样阐述品牌的定义：品牌是一种错综复杂的象征，它是品牌属性、名称、包装、价格、历史、声誉、广告的方式的无形总和。

沃尔特·兰道(Walter Landor)认为：一个品牌就是一个承诺。通过识别和鉴定一个产品或服务，它表达一种对品质和满意度的保证。

大卫·艾格(David Aaker)从资产角度给出品牌的定义：品牌是品牌名称和标志联系在一起的一套资产(或负债)，它可以给产品或服务的价值提供增加也可能导致减少。

中国式营销在以往研究的基础上，结合符号学的看法，认为：品牌(尤其是高档品牌)是区隔人群的符号。

现代社会，可以说是符号化消费社会，消费者消费了大量的符号。同样的运动鞋，在同样的产地用同样的材料卖给同样的人群，如果贴上不同的符号，就有不同的价格。如贴上普通的符号，价格是 100 多元，贴上红色""，至少能卖到 600 多元。

当然，我们之所以在这里从符号学角度来剖析品牌，还有一个目的是促使消费者理性消费，不要花费太多的冤枉钱给那些所谓品牌(尤其是洋品牌)。

可以通过详细看下面的案例来理解这一点。

某江浙地区的品牌 T 恤，在南方很受中小企业老板、公务员欢迎，因为该 T 恤一件卖几百块，并有一个很雄性化的品牌符号。然而该品牌进入北京市场的时候，卖的却不怎么样。原来这个品牌名字是中国名字，不太洋气，在北京市场，要区隔较高端消费者和普通消费者，不洋气的名字起不到作用。后来该品牌换了一个名字，由原来的三个字的中文名字，换成四个字的外文名字，然后把价格提升 10 倍，结果销量大增。

从上述例子可看出，产品是什么本身就是一门很深的学问。当然，结合消费者的心理来谈产品，这门学问就更深了。产品用来弥补消费者心理不平衡，而消

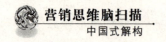

费者心理平衡与否,跟消费者所处的场所有关系。消费者总是生活在一定的场所。这些场所有人际关系的场所,也有人与物的场所。当产品和消费者的场所联系起来后,营销的创意就更加多了。前面讲的"顾客是被包围着的"中国式营销概念,实际上也属于产品和消费者人际关系场所的关联。

因为在不同的场所有不同的心理,消费者就需要不同的产品,这样我们从消费者心理出发,结合"人场"、"物场",营销思维就会进一步放大,就不再会受原来固有知识(相当于九点框框)的局限,产品营销会达到另外一个自由的境界。

四 定位是什么

定位是一个内容常新的话题,自创立以来一直受到理论界的追捧,并由市场营销领域逐步扩展到其他多个领域,这是一种有趣的社会现象。

"定位"一词诞生于20世纪60年代末70年代初,时至今日它已成为最伟大的商业词汇之一。定位理论源于广告理论,其发展却远远突破广告的范畴,大至国家定位,小至个人定位,都得到了广泛的运用。定位理论的广泛应用,促使众多事物以其独特的个性,在我们大脑中占据着独特的位置,并留下深刻的"痕迹"。例如,百度给人们的印象是"最懂中文的搜索",日本汽车是精细节能的,香港是购物的天堂,中国制造的产品是廉价实用的,悍马是大气、安全、顶级的。还有提起迈克尔·乔丹(Michael Jordan)的名字,就让人联想起经典的红色,伟大的23号,集优雅、力量和柔韧于一体的扣篮,无数次经典绝杀,"篮球之神"、"飞人乔丹"的伟大称号……

根据以上例子可以将定位的含义简单地概括为"事物在人们心中的印象"。定位的概念诞生于市场营销学领域,所以,其定义带有很强的商业色彩。"定位"概念首次由美国营销学者艾·里斯(Ai Ries)和杰克·特劳特(Jack Trout)于

第三章 中国式营销核心概念

1969年提出,他们在美国营销杂志《广告时代》和《工业营销》上发表了一系列文章,将定位解释为"确定商品在市场中的位置"。后来,他们对定位的定义做了新的修订,1972年,两人在"定位时代"一文中提到,"所谓定位,乃是你对未来潜在顾客的心智所下的工夫,也就是将你的产品在你未来潜在顾客的心中确定一个位置"。1979年,他们在《广告攻心战略——品牌定位》一书中将定位定义为"以产品为出发点,如一种商品,一项服务,一家公司,一所机构,甚至一个人……但定位的对象不是产品,而是针对潜在顾客的思想"。1981年,两人又在他们伟大的著作《定位》中提出,"任何一个品牌(产品、服务或企业),都必须在目标受众的心智中,占据一个特定的位置,提供有别于竞争者的利益,并维持好自己的经营焦点"。

艾·里斯和杰克·特劳特开始将定位的客体界定为商品,后来扩大到了服务、公司、机构、个人等,将定位的场所从市场转移到顾客的心智和思想,同时加入了区别于竞争对手这个要素。由此可见,定位理论并不局限于商业领域,定位的客体可以扩大到其他事物,但是其他事物必须是可塑造的。因为定位本身是一个动作行为,不可塑造的事物就不是定位的客体。例如,月光是很难塑造的,就不容易成为定位的客体。另外,原生态的事物在人脑中形成的印象不是定位。因为原生态的事物没有经过塑造,即使在人脑中占据特殊位置也是自然形成的结果。例如,南极给人的印象是严寒的,但是这种印象不是南极定位的结果,是南极的自然气候给人造成的感觉。

所以,总结以上分析可以得出三个结论:定位是一个动作性过程,它是定位主体(在商业领域通常是企业组织)刻意的动作行为;定位的客体可以是企业组织、非营利组织,甚至个人,是可塑造的事物;塑造后的客体形成客体形象,客体形象必须传播给受众,使受众留下与定位客体形象一致的"印象"。中国式营销有关定位严格的定义:定位是指一种行为过程,即定位主体将定位客体塑造成客体差异化形象,然后将客体差异化形象传播给受众,使客体差异化形象在受众大脑中占据特殊的位置。

定位的实质是把差异化形象"烙印"在受众的大脑中,脑扫描图像如图 3.3 所示。图 3.3 清晰地表达了定位这一个行为过程。

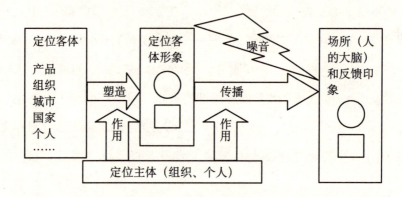

图 3.3　定位定义图解

图 3.3 主要反映定位主体、定位客体、定位客体差异化形象与印象之间的关系,从市场细分角度表达了定位的内涵。可以从以下几个方面来理解定位的内涵:

第一,定位是一种定位主体有目的的行为过程,主要包括塑造客体形象和传播形象这两个有意行为。自然形成的结果不是商业定位。

第二,定位的客体非常广泛,凡是可塑造事物都是定位主体。例如,国家、城市、旅游景点、企业、商品、个人等等。

第三,定位客体形象通过有意塑造形成。例如,图 3.3 把定位客体形象塑造成圆形。

第四,定位客体形象通过传播与场所(人的大脑)发生关系,在传播过程容易受到噪声的干扰。

第五,传播之后,客体形象在场所,即人的大脑中占据特殊的位置,在人的大脑中形成客体形象的"痕迹",通常称"印象"。例如,图 3.3 客体形象在场所(人的大脑)中占据了特殊位置,在大脑中形成了被塑造的圆形"印象"。

第三章　中国式营销核心概念

由此可见,定位的动作是塑造客体形象和传播客体形象,场所是人的大脑,目标是在人脑中占据特殊位置。可以从两个角度来理解定位,一是从定位主体角度,即通过塑造客体形象,然后通过传播将客体形象"植入"场所中,占据大脑的"空间"位置;二是从场所角度,即人的大脑接收被塑造客体形象的信息,从而产生客体"印象",留下客体"痕迹"。值得注意的是,场所中形成的客体"印象"不一定与主体想塑造的客体形象相同,因为在传播中存在噪音的干扰,每个场所对信息的解码不一样,这样形成的结果印象就与客体形象有一定的偏差。

实际上,定位是以占据人脑位置作为目标,使大脑形成对事物的"印象"。定位以"攻心"为主的理念,改变了传统"攻物"为主的理念,对各个领域的研究和创造起到了非常重大的作用,尤其给营销界带来变革性的影响,极大地推动了市场营销的发展。因此,2001年,定位理论压倒菲利普·科特勒的营销理论、迈克尔·波特的竞争理论,被美国营销协会评为"有史以来对美国营销影响最大的观念"。

在信息爆炸的时代,要在消费者脑海中占据一个位置,并不容易。所以,我们必须深入研究消费者的心理。一般而言,最重要的东西才有可能被消费者注意到、记忆住。最重要的东西,对消费者而言就是"第一"的。人们往往能记住"第一的东西",但记不住"第二"及其后面的东西。很有意思的是,据生理学研究,只记住最重要的,对次要的东西记不住,有利于保护我们的大脑。

所以我们记住了世界上第一高峰"珠穆朗玛峰",但是绝大多数人不知道第二高峰在哪里;我们一般能准确记住中国第一位宇航员的名字,但是对其他宇航员的名字不一定能完全记牢。

对营销世界而言,"第一"就能卖货,所以在中国大陆"第一缕阳光升起来"的地方成了人山人海的旅游景点。很多"第一"的产品被消费者热捧。

基于消费者的心理,我们给定位下一个更简单也更具有操作性的中国式营销定义,所谓定位,就是定位主体把差异化的形象人为地打在消费者的脑海中,并占据第一位置。

简言之,对目前中国企业来说,定位就是定"第一"。然而现实情况是,我们很多企业在行业根本不是第一,那怎么办?下面我们介绍一些技巧。

1. 第一集团军

如果企业品牌确实在该细分市场做不了第一,它可强调自己品牌属于细分市场"第一集团军",从而占得"第一"品牌定位的好处。如某航空公司,在航空市场客观上排第四位,它可以说自己是"四大航空公司"之一。如某房地产公司,在房地产市场客观上排第十名,它可以说自己是"十大房地产公司"之一。这里顺便强调一下,行业第一的公司,千万不要这样说,说自己是"几大公司之一"。如果这样说,就等于没有学到定位理论的精髓。

2. 反向第一

企业品牌在一个方向上排不到细分市场的第一,根据"反者道之动"的启示,可以从"相反"的角度定义自己的"第一"。如七喜可乐在推出自己的可乐品牌时,前面有可口可乐、百事可乐,无法做到第一,就采取了"反向第一"的定位,把自己的定位为"非可乐"第一品牌,其品牌定位获得了巨大的成功。五谷道场把自己的方便面定位为"非油炸",也是一个"反向第一"定位。

3. 唯一定位

如果企业品牌的产品有一定的瑕疵,这时候可采取"唯一定位"。"唯一定位"实现了艾·里斯和杰克·特劳特所提倡的"不做第一、就做唯一"的定位理念,有时候甚至能把产品表面缺点当做特点来卖。如美国高山苹果味美,但是有缺点,因为在高山之上,成长过程中受到冰雹打击,苹果表面留下坑坑洼洼的斑点,影响了高山苹果的销售。后来,高山苹果以斑点这个缺点为"唯一定位",把斑点当做高山苹果的"唯一"特征来卖,销售量大增。在我国果汁行业,农夫果园也采取了类似的"唯一定位"。在农夫果园之前,果汁有沉淀物,被当做缺点,解决的办法:一

第三章　中国式营销核心概念

是用更好的机器打磨,使沉淀物减少,但这样增加成本;二是用很小的文字在包装上说明,沉淀物为正常的,告诉消费者这不影响饮用,但做得很心虚,说明文字写得很小,而且放在不起眼的地方。农夫果园却把果汁沉淀物当做特点来卖,进行了唯一定位:"农夫果园,喝起来摇一摇"。实践证明其品牌定位相当成功。

五　媒体是什么

产品定位要达到理想效果,离不开媒体的宣传。那么什么是媒体?

在古时,"媒"指做媒,婚姻介绍的中介。现代人由此引申,媒体指信息表示和传播的载体。在英文中,媒体对应单词为Media,它可翻译为媒体、媒介。在西方学术中,一般认为媒体是指传播信息的介质。通俗地说,就是宣传的载体或平台。传统的四大媒体分别为电视、广播、报纸、网络、网站。此外,还有户外媒体,如路牌灯箱的广告位等。随着科学技术的发展,逐渐衍生出新的媒体,例如IPTV、电子杂志等。

对于初级营销实战者,提到媒体,提到广告,想得最多的就是电视广告,而且很多人自然而然想到了到中央电视台打广告。然而,到中央电视台打广告,很多中国的中小企业是承受不起的。那怎么办?

在这里,我们要将媒体概念中国化、可操作化以及低成本化。我们认为究其本质来看,凡是对人产生刺激的地方皆是媒体。而为了达到低成本,最好这些地方具有人多的特征。因为我们中国式营销认为,人多的地方就有机会,具体对媒体而言,人多可以降低每人的传播成本。这样我们给出中国式媒体概念:凡是对人产生刺激的地方就是媒体,人多的地方自然而然就是优质媒体。

有了这些理念后,我们可以看透种种现象,甚至离奇现象了。下面是笔者所亲历的一件事情[①]。

2010年11月4日上午八点,吃完早餐,放眼窗外,市区上空突见"UFO",其似船型,徐徐而动。初以为幻觉,却发现该"UFO"尾部灯光闪烁。由于在海南航空工作过,笔者判断它绝不是飞机。从形状来看,类似科幻电影里面的"飞艇"。然而其行颇缓,笔者相隔不远,却不闻其声,诡异之处,它是倒行离开笔者视眼。遂奔阳台,然前方一高楼,挡住视线,不得复见。

心存疑惑,心更有不甘,复室取摄像机,希望奇迹出现,留下珍贵的"UFO"之影。于阳台等待5分钟有余,无果。飞奔电脑,GOOGLE(谷歌)一下,看是否有同仁类似的发现。输入关键词,有38 600条结果,其中第一个标题为《南昌网友惊呼拍到UFO在滕王阁上空盘旋》,打开一看,赫然见下图(图3.4),心有惊讶!

图3.4 南昌上空所谓UFO图

然余见之"UFO",非上图之形,复查之。找到与笔者目击最似之形,见下图(图3.5)。

仔细查之,即刻联系"凡是对人产生刺激的地方皆是媒体,人多的地方自然而然就是优质媒体"的理论,笔者会心一笑。一下子明白了笔者见的"UFO"的实质是一个广告媒体而已。

---

① 改写自本人哈佛商业评论文章:以《中国式营销》看UFO. http://club.ebusinessreview.cn/blogArticle-28805.html.

第三章　中国式营销核心概念

图 3.5　与笔者目睹最相像的"飞艇图"

在信息拥挤，注意力稀缺的商业社会，由于竞争压力，媒体得到了充分的发展。商业界有人自发探索到"中国式媒体"的道理。于是乎，只要有人的地方，就有媒体，媒体已经无处不在。就像古龙小说所说，"只要有人的地方，就有江湖"。

其实中国人商业智慧是很强大的，我们只是没有用系统的语言来表达商业概念。中国媒体营销思想，古而有之。虽然无法考证中国第一个做广告的人是谁，但在中国历史上，很早就产生了广告形式。如早在西周时期，便出现了音响广告。《诗经》的《周颂·有瞽》一章里已有"箫管备举"的诗句，据汉代郑玄注说："箫，编小竹管，如今卖饧者吹也。"唐代孔颖达也疏解说："其时卖饧之人，吹箫以自表也。"可见西周时，卖糖食的小贩就已经懂得以吹箫管之声招徕生意。[①]

我们认为营销教科书里面媒体概念，表达科学、规范，但有时候对国人启发性不强。这可用我们营销界一句话"科学但不营销"来解释。因为科学对普通消费者来说，是严谨的，更是有距离的。如果讲"脑白金是松果体"，估计没有几个人能听得懂，所以"把松果体表达成脑白金"，就起到营销效果了。

基于此，"中国式媒体概念"虽然表述不那么规范，但是相对西方的学术术语

---

① 詹志方、薛金福. 中国式营销[M]. 北京:世界图书出版公司,2011.

就更有启发性了,或者说更有"操作性"了。有了这样的"操作性定义",商界同仁就更容易进行媒体思维的突破,不再局限于固有的"九点框框"之中。现在,提到媒体,我们就不要只想到中央电视台、地方卫视、报纸、广播、网络,因为"凡是对人产生刺激的地方皆是媒体,而人多的地方自然而然就是好媒体"。所以,在国外出现了"特制T恤",像"天线宝宝"穿的衣服一样,前面有视频可播放广告,后面也有。据说,穿这种衣服的人,专门往人多的地方钻,普通人一天可赚到20英镑,长得漂亮的人一天可获得30英镑。

我们还可用更简略的话来表述中国式媒体,即"人多的地方就是媒体"。如商务写字楼上下电梯的地方就是人多的地方,所以就有了"分众传媒";公交车是人多的地方,所以就有了"公交传媒";教室是人多的地方,所以自然而然就形成媒体,其中老师是媒体、书本是媒体、黑板是媒体……

笔者在现实生活中也碰到了自发摸索到"人多的地方就是媒体"道理的商业人士。笔者曾经在学校眼镜店配眼镜,我说给我来副最便宜的眼镜。店老板一看我,说"您不是学生吧",我说"我不是,我是老师",店老板问我"教什么课程",我说"营销课程"。店老板马上表示,在原先报价的基础上打八折。笔者舒心一笑,不在于占到了便宜,而是我检验了中国式媒体概念。但自此以后,购买东西,笔者基本不谈自己是教营销的老师,毕竟大部分人赚钱都不容易。但到了万不得已的时候,笔者会"亮剑"营销老师的身份。2010年国庆节期间,笔者在国内某著名购物网站网购××品牌电压力锅,结果因为该货畅销,赠品缺货,该网站迟迟不发货,很多人和笔者一样都焦急等待。一个星期过去了,还不发货,笔者开始亮剑"中国式媒体"理论。下面是笔者投诉的原话:

"××电压力锅25678327什么时候处理?10月7号订的货,等了好久了,订的时候说有现货,就是不发货。还要等多久?要知道服务质量里面一个重要维度就是"响应性",快速响应是一种服务质量。可是你迟迟不发货,搞得人心烦。我可是营销老师,用不着我当着几百个学生的面讲××商城我实际购物经历的

第三章 中国式营销核心概念

案例吧。这个影响力是挺大的啊！！！"

笔者料定一投诉,就会发货,果真马上快速发货了!

确实,中国式概念——"人多的地方就是媒体"——对当前商业来说,解释性更强、启发性也更大。因为,当前随着网络信息技术的发展,信息不再稀缺,倒是人们的注意力稀缺了。随着注意力的日益稀缺,以往媒体作用的性价比日益下降,甚至不再具有优势。因为媒体广告要真正"落地",不仅仅要引起消费者注意,还要获得消费者认同。这样,像"人多的地方",如教室、教师、多媒体、书本、案例等等都会成为新的性价比高的媒体!

如旅游景点要搞家庭旅游营销,最好的媒体不一定在中央电视台。在中央电视台打广告比较昂贵,而且家庭旅游消费的主要决策者不一定收看中央电视台广告,即使收看到了也不一定认同。因为,当今的孩子多为独生子女,他们成为家庭稀缺资源,据调查他们在家庭三口消费决策中所占的决策分量已经接近50%。旅游景点如果发现其目标市场是中小学生家庭旅游,不妨把媒体扩展到书本、老师……因为学校、教室是"人多的地方",而且还是塑造学生态度的地方!

有人会说,旅游景点的广告要进书本很难,毕竟教科书不可以随意修改,但这并不等于我们就没有机会了。因为"只要思想不滑坡,方法总比问题多",营销人士应该看到"人多的地方就有机会",而不是看到困难,只要积极思考,肯定能找到"突破点"。营销界的高手,就曾经做了这样一个旅游景点的媒体转型策划。请一位高人写了一篇有关该旅游景点的美文,精美语句层出不穷。"如春夏天之蓝,这里蓝得让人心碎,秋冬山之红,这里红得让人燃烧"。写完以后,进了第二课堂练习册。然后配合《中国式营销》所讲的"免费"理论,免费送给目标市场的学校。当然为了达到极佳的营销效果,营销人士还为这篇美文配备了课后练习题目。如问题一"春夏天之蓝,这里蓝得让人心碎,秋冬山之红,这里红得让人燃烧"描述的旅游景点在( )? 要学生填空回答。可想而知,这样的媒体性价比是相对高的!

我们坚信,有了中国式媒体的概念,营销方法的空间更加广阔。

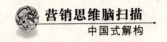

六 免费是什么

可以说,当今营销最有冲击力的词汇之一是"免费",毕竟大部分情况下,把产品免费给消费者,大部分消费者还是感兴趣的。

如某商场开业,前10名购物者可以免费得到一个电器产品,很多消费者不惜彻夜排队。在大街上,我们经常看到移动公司的路演,答对问题可以免费得手机,这样的场景往往是最热闹的。同样,免费的报纸,一般家庭也不会拒绝。

笔者在2004年攻读武汉大学博士的时候,第一次对"免费"营销力产生了关注。那天上完"管理学专题"课程,我们好几个同学从当时武汉大学商学院上课教室出来,经过了长长的走廊走到了大厅。突然,武汉大学一个在职和我们一起读博士的老师,对我们喊道"《中国经营报》要不要"。这句话没有产生任何效果,但是当这位老师加了"免费"两个字的时候,人群中有好几个人掉头去拿报纸。笔者清楚地记得,《中国经营报》当时只卖两块钱一份,为了省去两块钱,竟然有如此多的博士同学掉头去拿报纸。由此可见,"免费"的营销杀伤力有多大!

自此以后,笔者对"免费"现象进行了大量的观察。"免费"在网络经济时代被运用到了极致。仔细观察,网络时代很多数码产品和内容是免费的,如我们可以免费看网络内容商提供的新闻,前一段时期还可以免费下载影视作品,免费聆听音乐,免费使用软件,免费玩网游,免费听西方高校的公开课程,免费使用QQ,免费在网络上开淘宝小店……可以说,网络世界,简直就是免费的世界!

针对该种现象,《长尾理论》的作者安德森在2009年出版了新作《免费:商业的未来》。在这本书中,作者把免费上升到商业模式的高度来进行研究,①强调:

"免费"就是这样的一种商业模式,它所代表的正是数字化网络时代的商业未来。新型的"免费"并不是一种左口袋出、右口袋进的营销策略,而是一种把货

---

① 安德森. 免费:商业的未来[M]. 北京:中信出版社,2009.

第三章　中国式营销核心概念

物和服务的成本压低到零的新型卓越能力。在上世纪"免费"是一种强有力的推销手段,而在21世纪它已经成为一种全新的经济模式。这种新型的"免费"商业模式是一种建立在以电脑字节为基础上的经济学,而非过去建立在物理原子基础上的经济学。这是数字化时代一个独有特征,如果某样东西成了软件,那么它的成本和价格也会不可避免地趋于零。这种趋势正在催生一个巨量的新经济,这也是史无前例的,在这种新经济中基本的定价就是"零"。对我们个人来说,"免费"是一种涤荡旧有思维的商业体验,而对企业来说,"免费"更多的是一种生存法则,一种可以改变旧有发展模式而实现脱胎换骨的"动力机器"。

我们认为,安德森对数字时代的"免费"研究应该是彻底的,他研究了免费的经济学基础——边际成本为零,以及相关的商业模式。而在这里,我们主要从营销角度来看"免费"。

很显然,免费作为一种营销形式,不仅仅在数字网络世界得到了广泛运用,在现实世界也一直在使用。只是近些年来,由于使用频繁,"免费"的边际效力日益下降,很多消费者也成熟起来了,知道了免费后面所跟进的商业模式,于是乎,"免费"营销力在下降。

如果在大街上,有人向你送免费的消费传单,你可能不接,也可能接了以后,随手扔给捡垃圾的人。如果有人向你发免费的卡,你可能怀疑他在套取你的信息。这都是由于"免费"如此之多,导致"免费"营销不再有效的后果。如某市某眼科医院免费向该市的出租车司机发放太阳镜,免费营销效果不佳,部分司机把好几十块钱的太阳镜当作了5块钱的地摊货,还有部分司机怀疑太阳镜是劣质产品。

针对这种情况,我们提出"有价值感的免费",如果产品对消费者来说,没有价值感,即使免费,也没有吸引力。在街头上,很多人之所以不接免费传单,是因为他们觉得没有价值感,甚至觉得接了传单不好处理,是一种负担。这个时候,"免费"不叫"免费"了,而是"成本"。

怎样培养"免费产品的价值感"呢?要深度了解客户的心理,能满足客户需要,拨动消费者心弦的产品才有价值感。在这方面,蒙牛的营销是成功的。蒙牛针对街头发传单,客户不接或者当场扔掉的现象,对免费传单进行了"价值感营造"。这就是业界有名的《女人不美,男人要负一半的责任》的蒙牛免费传单营销。

为了让消费者选择蒙牛的理由深入人心,蒙牛可谓费尽心思。同时考虑在外派发宣传单页时人们"来者不拒,收之即弃"的态度,蒙牛将其精心撰写的小品文《女人不美,男人要负一半的责任》印在宣传单页的背面,将文中五个理由印在正面,在超市放置和派发时将小品文向上,五个理由向下,这样便引起人们极大的兴趣,同时解决了客户拿到后立即丢弃的问题。很多人都是把传单拿回家慢慢品读,特别是一些女同志,一定要拿回家给老公看,甚至读给老公听,有的女人在老公惹自己生气时就把这页传单拿出来说。下面是传单上的有关内容:

一位名人说过,一个人要为自己的相貌负责。我想,对于女人来说,相貌长成什么样,自己只能负一半的责任,另一半责任则应由男人来负。

未出嫁的姑娘,就像苗圃里的树苗,一个个亭亭玉立。出嫁了,与一个男人终日厮守,男人就成了女人的气候、土壤、环境。男人脾气暴躁,整日不是风就是雨,就是"零下一度",女人一定憔悴无光;男人修养高,日照朗朗,热情奔放,女人一定风和细雨。养颜乃养性,好男人让女人心境好、心态好、心灵好。

我们总是追求我们所爱的。一个女人爱上什么样的男人,她往往就会变成什么样的人,所谓"跟好人学好人,跟着神汉会跳神"。所以,女人如果不美,男人至少要负一半的责任。

一个本来温顺的女人越来越泼辣,一定是她的男人不争气,逼得她不得不出头。

一个本来纯洁的女人越来越妖艳,一定是她的男人太窝囊,她只好移情别恋。

第三章 中国式营销核心概念

一个本来清高的女人越来越恶俗,一定是她的男人档次不高,她"近墨者黑"。

相反,一个本来很一般的女人,相貌越来越可爱,眼睛越来越灵光,说话越来越文雅,举手投足越来越有风度——不用说,她有一个好男人。

男人千万不要以为美与丑只是女人自己的事。她长得很美,你有一半的功劳;她不好看,你也有一半的过错。

很显然,蒙牛针对目标消费者女性,用她们最关心的美和免费传单进行关联,塑造了免费传单的价值感。相关营销获得了成功。

当然,除了用上面关联的方法来塑造价值感。我们认为还有很多办法来营造价值感。物以稀为贵,如果免费的东西不稀缺,肯定产生不了价值感,这个时候免费营销的营销力就会显著下降。这个时候,聪明的营销人士,可以设置门槛,制造稀缺来营造免费产品的价值感。如笔者曾经给送太阳镜的眼科医院如下免费营销建议:太阳镜可以免费送给出租车司机,但是获得太阳镜的司机要达到一定的条件,这样的条件可以是"从业多少年",也可以是"多年没有违章记录",还可以是"五好家庭"……通过这些条件的设置,免费的太阳镜才能彰显其价值。

设置条件、营造稀缺来彰显免费产品的价值感的方法,在网络世界也适用。如某某免费论坛为了增加论坛的价值感,规定加入的会员必须具有某种身份,如教师身份、医生身份。这样论坛的价值感才会体现出来,免费营销才有可能获得成功。

当然,最后免费一定要通过和商业模式对接,才能持续。这是我们后面论述的内容。总之,我们认为,免费在新时代,要升级为"有价值感的免费",这样才会更有效果。

第四章
求之于势——用结构来营销

"善战者,求之于势,不责于人"。如前在"三层两向一中"所述,势来源于"高中低"的结构,所以从这个角度来看,结构能产生巨大的能量。真正的商界高手、营销高人非常善于用"结构"来营销。

在中国式营销思维里,我们是从广义上来看"结构"的,其含义广泛,意味着"流程、程序、制度、系统、模式、网络等形式"。我们的"结构"是广义的"结构观"。很有意思的是,"结构观"吸纳了西方科学精神的实质。

我们认为,从某种意义上来说,西方科学的实质是"形式之美",科学也是"结构美"或"结构主义"的体现。理由如下:

"真理不能被证真",这是科学常识。为了保证"科学的科学性",西方科学正是通过一套流程(结构)来保证其科学性的。科学程序严格限定了第一步做什么,第二步做什么,第三步做什么……通过这样的流程,既保证了科学性,也保证了不同的人在相同的条件下展开科学研究能得到类似结果,也就使得科学具有可重复性。所以,从这个角度,我们认为科学具有"结构形式美"的本质特征。

其实,我们祖先早就发掘了"结构形式"的重要性,只是遗憾的是,在后来的发展过程中,这一点被忽视了。而西方人,将"形式结构"的重要性挖掘到了极

第四章 求之于势——用结构来营销

致,以至于整个思维理性以"形式理性"①为主。

我们认为,"形式理性"不一定能带来最好的东西,但能产生巨大的力量。基于此,本章主要从广义的"结构观"来看营销。当然本章所讲的结构包括"制度、流程、系统、程序、模式、网络……"

一 结构—结果

在现实商业界,或许能经常发现以下类似现象:销售部吴经理在跺脚大骂离职的梁销售员,骂他没良心、没道德。大骂之后,吴经理发誓以后要招有良心、有道德的销售员。原来,梁销售员是吴经理一手培养起来的销售干将,当时小梁在大街上到处求职无人理睬的时候,是吴经理收留了他,并手把手教他商业知识和销售技巧。但是没想到,业务做大后,梁销售员不干了。单纯不干也还算了,关键是梁销售员带着公司的客户跑了。

以上描述的现象,就是销售界所讲的销售员"飞单"。以前销售员"飞单"是带公司的钱跑,是犯法的,而现在的销售员"飞单"是带公司的客户跑,不犯法,但对公司的损失更大。"飞单"现象是一些公司的顽疾,屡屡惩治但是效果不佳,"飞单"现象"涛声依旧"。

但是,也有一些公司没有发生过"飞单"。为什么呢?

我们认为,其实用吴经理的方法是解决不了"飞单"问题的。吴经理大骂梁销售员不一定有作用。如果,吴经理不从"结构"上来思考,仅从人员素质考虑问

---

① 根据哲学界的研究,中西思维差异主要体现在思维理性。对比来看,中国思维更注重"实质"理性,而美国思维更注重"形式"理性。实质理性指向目的,具有模糊和思辨的特点,强调"顿悟";而形式理性关注过程,具有精确和计量的特点,强调"逻辑"。更深入的研究可参考:詹志方,薛金福.《中国式营销》.北京:世界图书出版公司,2011.

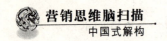

题,就违背了中国式营销所讲的"结构观",也就是违背了《孙子兵法》所讲的"善战者,求之于势,不责于人"。

据研究,易"飞单"的公司,销售系统往往是这样的结构:销售员一手销货,一手收钱,收的钱不用及时上交;更要命的是,这样的公司没有客户管理系统,销售员还负责客情维护,但他不用报告客情记录。在这样的结构下,"飞单"迟早会发生。可用通俗的比喻说明这种结构的危险性,即"某人养了两只宠物,一只是山鸡,一只是黄鼠狼,为了节约成本,不幸把山鸡和黄鼠狼关在一间房子里。每天,这个人都在出去之前教育黄鼠狼,要它注意道德修养,不要再偷吃山鸡了,并说如果每天好好看着山鸡,等他回来大大有奖。不幸的是,那个人回来发现黄鼠狼把山鸡吃了。于是那人打黄鼠狼、骂黄鼠狼,直到黄鼠狼信誓旦旦保证不吃山鸡为止,然后再买一只山鸡放到房子里。当然第二天回来,结局是一样的。显然,在这里,问题的关键不是黄鼠狼好不好,而是结构出问题了。把黄鼠狼和山鸡放在同一间房子里,黄鼠狼吃掉山鸡是必然的结果。同样,销售员既当销售员,又当销售会计,还当公司唯一的客情维护人员,他"飞单"迟早有可能发生。即使这个销售人员良心道德一流,如果他遇到紧急情况,比如家里人病了,他急需要钱,他就有可能挪用公司的销售款,而如果挪用公款一时还不了钱,他可能会铤而走险。所以解决该问题的前提是,设置销售、会计、客情维护分开的结构。

上面的故事,可以粗略看出"结构"对"结果"的重要性。经济学在这方面也有经典故事,在新型的制度经济学里面体现得尤为明显。

如制度经济学在讲"制度(结构)设计重要性"时,往往会引述"七个和尚分粥"的故事,大体上也反映了"结构—结果"的类似道理。

从前,山上的寺庙有七个和尚,他们每天分食一大桶粥,可是每天可以分食的粥都不够。为了兼顾公平,使每个和尚都基本能吃饱,和尚们想用非暴力的方式解决分粥的难题。

一开始,他们拟定由一个小和尚负责分粥事宜。但大家很快就发现,除了小

第四章　求之于势——用结构来营销

和尚每天都能吃饱,其他人总是要饿肚子,因为小和尚总是自己先吃饱再给别人分剩下的粥。

于是,在大家的倡议下,又换了一个小和尚,并增加一个分粥的主持人,但这次却变成只有小和尚和主持人碗里的粥是最多最好的,其他人五个人能够分到的粥就更少了。

饿得受不了的和尚们提议大家轮流主持分粥,每天轮一个。这样,一周下来,他们只有一天是饱的,就是自己分粥的那一天,其余六天肚皮都是在打鼓。

大家对这种状况不满意,于是又提议推选一个公认道德高尚的长者出来分粥。开始这位德高望重的人还能基本公平,但不久他就开始为自己和挖空心思讨好他的人多分,使整个小团体乌烟瘴气。

这种状态维持了没多长时间,和尚们就觉得不能够再持续下去了,他们决定分别组成三人的分粥委员会和四人的监督委员会,这样公平的问题基本解决了,可是由于监督委员会提出多种议案,分粥委员会又屡屡据理力争,互相攻击扯皮,等分粥方案定下时,粥早就凉了。

最后,他们总结经验教训,想出一个办法,就是每人轮流值日分粥,但分粥的那个人要等到其他人都挑完后再拿剩下的最后一碗。令人惊奇的是,在这个制度下,7只碗里的粥每次都几乎是一样多,就像用科学仪器量过一样,这是因为每个主持分粥的人都认识到,如果7只碗里的粥不一样,他确定无疑将享用分量最少的那碗,这样从此和尚们都能够均等地吃上热粥。

制度经济学就是用这样的小故事来阐述制度(也就是广义结构中的一种)设计是多么重要的。

通过以上两个小故事,我们大体上能接受"结构影响结果"的观点。但是,以上的故事虽然初步说明了"结构—结果"的关系,但是我们不能被故事误导,而得出"结构决定结果"的结论。我们认为,关于"结构—结果"的关系也要分"阴阳两向"来看,一般来说"坏结构自然而然带来坏结果,而好结构不一定就有好结果",

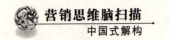

"结构—结果"要加上"发育出功能"。也就是说,结构到结果的关系应该这样表示:"结构—发育出功能—结果"。然而奇妙的是,坏结构一般能自然而然发育出功能,因而得到坏结果,而好结构,不一定能发育出功能,也就不一定有好结果。如前所述,更改结构后,七个和尚能均等喝上粥,但并不意味着,均等喝上粥就是好结果,毕竟均等喝上粥并不等于每人都能喝饱粥。

下面我们继续用真实案例来解构"结构—结果"。

在解构之前,我们从战略角度来看一下什么是好的股权结构。我们直接引述毛主席的关于战略的见解:战略要掌握主动权,主动权的丧失就等于被打败。很显然,在股份结构中,占有高的比重,才符合战略主动权的思想。对经营者来说,占有高比重的股权结构,才是一种能发挥主动作用的结构。在这方面有很多实例。

国内某知名企业家有一天对自己的会计说:"我今年预亏3 000万元。"会计很不解,遂问企业家:"以您的水平,怎么要预亏3 000万元?"企业家说:"我在另一公司投资了3 000万元,据我的观察,这家公司经营方向是错的,没办法,只能预亏3 000万元了。"会计问:"您怎么不给他们提建议?"企业家说:"我也想提建议,只是我虽投了3 000万元在这家公司,但也还是小股东,当开股东大会的时候,我的表决权根本起不了作用。现在我只能眼睁睁看着这家公司滑入泥塘而无能为力。"

此案例说明,不好的股权结构,致使企业家发挥不了作用,因而结果只能预亏。可想而知,对企业家来说,这种打击还是挺大的。我们由此引申一下,商业最大的悲哀,莫过于明知结果不好,但不能采取措施改变。

在股权结构方面,还有一些企业家历经了"结构—结果"关系的磨炼,个中滋味如何,我想这些企业家最清楚。内蒙古某知名企业的知名企业家牛总的经历应该能充分说明这点。

牛总为乳制品行业的专家,曾任某国有乳制品企业的生产副总,由于种种原

第四章 求之于势——用结构来营销

因,牛总不得不离开该国有乳制品企业。离开后,牛总曾到北京大学学习了一段时间的工商管理。后来回到内蒙古创业,进入老本行乳制品行业。牛总可谓白手起家,刚开始创业的时候,急需资金。因为牛总平时为人仗义,崇尚"财散人聚,财聚人散",深得朋友拥护,筹集资金也还比较顺利。有一天,牛总在内蒙古一朋友听说牛总急需资金,遂变卖家产,换500万元现金来投资牛总。没想到,牛总在"感谢朋友的信任后",明确表示"不接受该朋友的投资,以恐辜负朋友的厚爱"。

针对这种现象,我们分析认为,牛总一方面确实是担心"辜负朋友,而不接受朋友的500万元投资",另一方面应该是很好地理解了"掌握主动权的股权结构对企业家的重要作用"。因为,如果这位朋友一个人投资500万元,很有可能他就是创业企业的第一大股东,那么牛总在股权结构上就会丧失主动权了。事实也证明了这点。实际上,该企业初期投资有一个不成文的规矩,"大家都可以投资,但投资的钱都自觉比牛总少,哪怕少一块钱都行"。

然而就是这样精明的牛总,在"结构—结果"方面,也经历了乳制品行业"对赌协议"的严重考验,充分体会了"坏结构自然而然带来坏结果"这一魔咒。先看下面有关"对赌协议"对中国企业家影响的一则报道①。

"对赌协议"注定中国企业家的大败局

在这个冬天,太子奶的创始人李途纯正在失去对自己企业的控制权,在国际投行的阴影下,他正在成为新的"输家"。

在最缺钱的2007年年初,李途纯等来了英联、摩根士丹利、高盛三家投行,后者曾被认为是他的"贵人",他们联合出资7 300万美元,成立了"中国太子奶(开曼)控股有限公司",三家投行占离岸合资公司30%股权。他们不仅带来了

---

① 李志起."对赌协议"注定中国企业家的大败局(http://www.tianya.cn/publicforum/content/develop/1/197367.shtml)。

钱,还带来了一纸协议:在收到7 300万美元注资后的前三年,如果太子奶集团业绩增长超过50%,就可调整(降低)对方股权;如完不成30%的业绩增长,李途纯将会失去控股权。

如今,正是这副"金手铐"困住了李途纯。在今年一系列事件的影响下,表现不佳的太子奶让李输掉了自己一手创办的企业。

现在,后悔不迭的中国企业家已经不只有李途纯了,在逐渐浮出水面的资本故事中,同样涉及的企业还有蒙牛、太子奶、深南电、双铁、中信泰富、中国高速传动、中华英才网、华润集团等,同样是所谓的"对赌协议",让这些企业的创始人或负责人感受到了失去企业控制权的可怕。

在此之前的中国企业家,曾经以为这些有着光环的国际投行们都是"活雷锋",在企业发展最缺钱的时候,他们主动送上门来慷慨解囊,掏出大把大把的真金白银帮助自己做企业。至于"对赌协议",在那个特定的时候,或者是来不及细看,或者是压根没有看懂,或者是单纯地理解那是人家对自己的"业绩考核要求",就大笔一挥签字完毕。毕竟,在那一堆金灿灿的现金面前,没有几个人能保持清醒。

事实上,从签字那刻开始,他们就已经将企业的控制权拱手相让了,资本进来后,企业家常常只是扮演"看摊"的角色而已,名义上还是创始人,还是董事长,但事实上已经被架空、被控制,业绩跑得快还好,跑得不快的话缰绳就被人收走了。

是的,这些国际投行不是"活雷锋",而是不折不扣的"中山狼"。如今国际金融环境和市场一朝变了天,他们就露出了狰狞的本来面目。以至于中国最著名的"牛人"——蒙牛的牛根生,也不得不走这条路,前几天还被逼得涕泪交加的到处借钱,才保证了对公司的有一点点优势的控制权。最近的故事,还有分众传媒江南春的难受、新东方俞敏洪的上市后悔症以及刚刚曝光出来的炎黄健康传媒创始人赵松青和国际资本"打架"的故事。

第四章　求之于势——用结构来营销

这些故事正在成为2008年岁末最让中国企业家吃惊的"内幕"。想想看,这些国际投行们有着多少年"玩"企业和企业家的经验吧,在成熟市场经济环境下长大的他们,确实有着超前的市场眼光,对中国许多企业的前景有着清醒的判断,也对游戏规则的制定和理解烂熟于心,因此,在对赌中,国际投行往往利用有利条款让自己处于有赢无输的位置。

而在这样的隐形的"博弈战"中,我们起于草根的企业家们其实处于孤立无援的境地,身边也没几个真懂的专家,真懂的专家都在拿着国际投行们的工资或顾问费呢,甚至那些主动找上门来的投资人中,不少人就是海归派或洋务派,他们掉过头来就来"玩残"这些所知不多的本土企业家。

子系中山狼,得志便猖狂。金闺花柳质,一载赴黄粱。我们的许多企业家应该读过《红楼梦》中的这首诗吧,同样颇具参考意义的还有那首著名的《国际歌》,从来就没有什么救世主,也没有什么神仙和皇帝。要掌握自己的命运,归根结底还得靠自己。

据有关资料显示,精明的牛总在2002年,也与摩根士丹利签了类似"对赌协议",自协议签订的时候,危机就已埋下伏笔。幸运的是,牛总通过绝佳营销,强势经营,达到了"对赌协议"要求完成的任务,危机没有爆发。可是自乳制品行业三聚氰胺事件被曝光后,牛总的企业达不到发展速度,摩根士丹利等投行就开始以征服太子奶类似的招法来对待牛总及其企业。牛总感觉到很有可能对自己创办的企业错失控制权只好到处筹钱。

我想,牛总大概会对"结构—结果"的关系刻骨铭心。

"坏结构自然而然带来坏结果",这不仅是一个营销道理,也是一个商业道理。不幸的是,还有很多大名鼎鼎的企业家,也在这一点上受过磨难。如浙江某知名企业家郑总,在成立企业的时候,融入法国达能公司2 000万元美金,这2 000万元美金竟然占了该企业51%以上的股份。这个企业成长起来后,达能公司提出了收购。对于达能公司投资的2 000万元美金,郑总的企业至少回馈了2

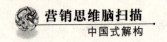

亿美元以上。郑总非常痛恨达能公司在自己企业不发达的时候不收购,而是等到发展成知名品牌后收购。

我们能理解郑总的心情,也为郑总那段时期所经历的"结构—结果"磨难而唏嘘。但是,我们更愿中国商界在"结构—结果"上有更清醒的认识。当然,我们最愿意看到的是中国营销界的朋友能自发地运用"好结构—发育出功能—好结果"来创造营销奇迹。

二 用好结构来营销

用好结构来营销,要明白好结构只是好结果的必要条件,而非充分条件,好结构必须发育出好功能,才有可能产生好结果。即:好结构—发育出功能—好结果。用好结构来营销,主要包括设计好结构以及如何发育功能两部分核心内容。

1. 设计好结构

设计好结构,本身是一门复杂的学问,可以从运筹学、工程学等角度来研究,也可以从价值链角度来研究。

我们知道在快餐界,世界巨头麦当劳是用一套标准的流程结构来营销的。对中国人而言,麦当劳汉堡包未必是特好吃的,但奇怪的是它做成了世界快餐业老大。相反,中国一些风味小吃,味道堪称一绝,却做不大。这里面隐含着很深的商业逻辑。

不可否认,很多中国菜确实好吃,但是中国菜的好吃是朝着艺术角度发展的,靠的是"大厨"的厨艺,靠的是特色。艺术是不能重复的,如果朝这个方向发展,中国菜就很难做大。打一个比方,南昌瓦罐汤很好喝,因为它有掌握了祖传秘籍的大厨,那么这样的瓦罐汤很难像麦当劳一样开连锁店经营。它靠的是艺术和特色,在别处连锁的瓦罐汤就不一定能达到南昌瓦罐汤的味道。最可怕的

第四章 求之于势——用结构来营销

是,南昌本地瓦罐汤越好喝,它在外地开的连锁店有可能倒闭得越快,因为喝过南昌瓦罐汤的人在外地喝到瓦罐汤,会觉得外地的不正宗,心理上就不会认同连锁的瓦罐汤。这样南昌瓦罐汤的特色成了外地连锁瓦罐汤倒闭的直接原因。而国外的汉堡包,虽然不一定好吃,但是它朝着科学角度发展,通过一套流程来标准化,因而可以重复,在全世界范围内都可以做到一个味道,所以发展起来就比较容易。

中国菜如何发展壮大?我们认为也可以流程化,通过结构来营销。如何设计一种好结构?我们可以把优秀人员的厨艺进行流程环节切分。

还是以瓦罐汤为例来形象说理。企业可以先请最高明的大厨示范一遍瓦罐汤的制作过程,把整套过程切分为若干环节,比如第一步是切肉,第二步是放调料,第三步是放水,第四步是煨汤……然后找专门的人负责各个环节,大厨做一遍,各环节专门负责人用上述流程跟着做一遍,并留下数据记录。当然,我们不要幻想第一遍用流程模式做出来的瓦罐汤就像大厨做的一样好喝,说不定还真难喝。但是没关系,因为做了记录,有数据可分析,这个时候就可以用科学精神来跟进了。"为什么大厨做出来的好喝,而流程做出来的不好喝",可以在各个环节上进行对比。通过对比发现,可能第一个环节就出问题了。原来,大厨切的肉片是0.5厘米厚,而流程切的肉片是1厘米厚。马上更正,流程再模拟一遍。改正以后,味道可能有所提升,但效果还是不佳。不过没关系,有前期的数据积累,可以继续改进,比如可能调料量不对、火候不对等等都可以改进。这样,通过数次改进,流程做出来的瓦罐汤味道不断提升,能接近大厨的水平了。这个时候,就不必强求一定要超过大厨,因为毕竟艺术的东西是有某种偶然特质因素的。当然,如果运气好,说不定流程做出来的瓦罐汤比大厨做的还好喝,这只能说财运来了。这样,通过一套流程,基本上复制了大厨的厨艺。用流程复制大厨的厨艺,好处显而易见,比如不用担心"流程大厨"耍脾气不干活,并且流程容易复制,这样有利于开连锁店,实现连锁经营。

当然，我们只是用这样一个例子来论述，怎样设计"好结构"。结构设计出来后，还要发育出功能。

2. 发育出功能

人员动作环节切分后，必须在每一个环节上发育出功能，然后整体协调，才有可能产生好结果。我们认为发育出功能的一个关键是分工专业化，即在每一个环节上，形成专业化。

管理学和经济学对专业化都有深度研究。科学管理之父泰罗，曾经描述了通过专业化来把铁杵磨成针的故事。以前铁杵磨成针，是由一个人做所有的事情，效率低下；后来发展出不同的人做不同的事，有的人专门切铁，有的人专门粗加工，有的人专门磨针，生产效率大幅度提高。

如泰罗所述，分工确实可以导致专业化，而经济学也论证了分工专业化的好处。经济学研究发现，专业化有如下好处："专业化有学习效应和规模效应"，所以它能大幅度提高生产率。经济学从宏观角度来研究专业化，结论是正确的。但是对微观企业来说，还必须使得"专业化"在本领域"落地"。

怎样"落地"呢？

首先，还得像泰罗一样，对每一个环节的专业动作进行研究，挑选出每个环节的最优动作，然后让负责该环节工作的每一个职员学习该动作。

其次，要让每一个环节上的职员认同该动作。因为，专业化分工有效率，但是也容易使人疲倦，这个时候要进行内化认同学习，让每一个职员明白环节的意义，才有可能真正产生效益。

再次，企业还得用系统的观点来协调和优化流程，使得各个环节相加的系统实现"1＋1＞2"的效益。这需要组织协调。

有了以上理论基础后，我们就可以尝试着"用好结构来营销"，以实现营销领域的"善战者，求之于势，不责于人"。

下面，我们首先解构销售领域内的"用好结构来销售"的案例。

第四章 求之于势——用结构来营销

众所周知,营销领域中最锻炼人的工作是销售,为什么会这样呢?因为销售人员每天会面对各种各样的问题,做得好的话,效果则立竿见影。不是每个人都能干好销售的。笔者特佩服在中国从事直销工作并取得良好业绩的销售人员。

在中国做直销比国外更难,因为中国是一种差序格局文化,人们对陌生的直销人员相当排斥。所以,和国外相比,中国直销人员所遇到的挫折更多、更复杂,当然他们所需要的素质也更高。有人把直销人员比喻成营销部队的特种兵,是有道理的。特种兵几乎无所不能,既能打枪放炮,又能格斗;既能开汽车,又能驾驶飞机;既是士兵,还能在自己受伤的情况下当医生。

而中国优秀的直销人员,一点不亚于特种兵。让我们看看下面这篇文章里的直销人员有多么不容易,又多么强大。

身无分文的直销生存录[①]

唐霁刚

2000年春节,作者和朋友身无分文从重庆老家来到昆明,开始了直销人生。为了解决吃饭问题,先跟卖报纸的小经销商卖报纸,解决眼前的吃住问题。然后进入"深圳九成实业有限公司昆明分公司"直销低档化妆品。对于直销公司的一些工作,作者记录如下:

"公司直销人员的吃苦能量是一般人无法想象的,他们一天的要求是拜访三百个顾客,每一次拜访均要按销售五步进行,完成一个销售五步的时间为三分钟,拜访的时候,对产品不感兴趣的消费者要及时放弃,节约时间寻找下一个。直销拜访要求不分地点、不分对象地进行销售五步,应用平均法实现销售,也就是你拜访的人越多,销售成功的机会越大。可以说这些直销员走的路绝对比我们现在做终端的业务员一天走的要多得多,而且没有生活保障,饿着肚子做销售来挣饭钱的人在直销业里大有人在,他们出差公司不会给一分钱补助,除了长途车费外连住宿费都要自己付(不能将产品变成钱晚上会连住的地方都没有)。他们不但要把自己的业务工作做好，还要时刻帮新加入的学员学习业务技能等等。"

直销人员能做到这一切主要是因为公司不停地给员工强调：员工自己是老板、是在为自己打工，而且比做传统销售能更快地成为老板。一些激励措施，每天都在被执行。

"早上六点半全部人员到齐，一个个在公司大厅的大镜子前自行检查，看衣服是否整洁、皮鞋是否光亮、头发是否整齐，然后对着镜子用手揉脸，直到面部红润、表情自然微笑为止。揉完脸的人不分男女均对着窗户大声吼叫数声（这样做能提神）后开始到财务那里签到。签过到的人两三个分为一组，组内人员分别扮演最不讲理的顾客和最坚决的推销员，像疯子一样互相进行销售练习。

七点钟模拟练习结束，晨会正式开始。一个人（头晚安排的值日主持）将所有人召集到一起，互相手拉手拉成一个大圆圈，在大约三到四分钟有节奏的掌声响过后，负责组织晨会的人带头喊起口号（这时的口号可以由值日者自己定，他叫什么下面的人跟着叫什么），直至他认为全体人员都有了激情才进入下一程序，讲销售心态以及请下面的人讲销售心得，然后就个别问题进行抽答。

到七点四十左右，组织晨会的人请出曹经理为大家讲销售技巧和激励心态。曹经理讲完销售技巧和激励心态（一般要用十五分钟）后，所有人唱起自编的《创业之歌》，我和陈明元是新人不会唱，他们就让我们在大家唱时跟着节拍拍手就行，拍着手人就会开始不自觉地跟着别人的歌声哼起来慢慢也就会了。歌声一停，曹理立马冲进圈子内用手指着墙上的口号（这里的口号是公司固定的）喊起来，经理喊一次大家跟着喊一次而且一次比一次快，连喊三遍后经理发出出发的指令，销售人员一个个急匆匆地到财务处领自己要销售的产品去了。

经理把我和陈明元分别交给两个组长级销售员，他们也就分别成为我和陈明元的直接上级，也就是传、帮、带的师傅。认了师傅后，我本以为可以同其他人一样去领货，但带我的师傅告诉我，第一天是不可以直接做销售的，只能跟着他

第四章 求之于势——用结构来营销

出去看其销售过程并听他讲解示范销售业务的所有知识,在全部熟悉销售的过程、了解公司系统的文化、管理制度、专业术语后才能独立做销售。我于是只能看着他去领货,心里想:"没货卖今天不是要饿肚子么,应该怎么办?"师傅抱着包装箱带我到公司楼下饭店吃早点,我这时终于看清了产品的牌子"飘莎"。我不安地跟到饭店,师傅要我同他坐到一起吃早餐,所有同事的早餐都差不多,不是两根油条一碗稀饭就是两个包子一碗稀饭,总之统一的是一个人一块钱。师傅给我付完早餐钱,对我讲了一遍和昨晚带我和陈明元吃饭的人说的一样的话:"我们实行的是 AA 制,开始自己出货以后,再把钱还我。"

饭店出来,销售人员大都三到四个人被分为一组,我和陈明元因不在一个组里也就各走各的了。我所在的组除师傅外另有一男一女,我们坐公交车到黄土坡,有人就拿出一张昆明地图,在黄土坡处划了几个区域,商定好推销路线,中午汇合时间、地点后,我跟着师傅就与他俩分开了。师傅在走路的时候对我讲:"我们将要做的是直销,就是直接找陌生的路人或上陌生住户的门进行产品介绍和推销,是最具挑战的工作,直销主要是推销自己让别人接受,从而达成产品的销售,产品在我们手中只是一个工具,发展自己才是最终目标。我看过你的简历,你做销售做得还不错,这对你做直销有帮助。但你要记住过去只是历史,你现在要忘记过去做销售的方法,心态归零才能做好直销。"我现在终于明白了昨天经理在招我时说的,他们的销售是与传统销售完全不同的话的意思了。

走进居民区,师傅给他自己和我重新整理了一遍服饰,拿出镜子和梳子又梳了遍头,对我说:"我一定要以最好的仪容去见顾客,精神不整是做不好直销的,你用手揉一揉自己的脸,把自己最真诚的笑容拿出来"。做完准备工作,师傅带我上到单元楼的最高一层楼(如从下向上做销售,碰到一个顾客不高兴直销员就不可以到上一层楼做了,所以直销员每次"扫楼"都是从上到下),敲起了门。敲门声响过三遍后,师傅向门里大声问:"有人在家吗?"

一个中年妇女打开门见到我们,问道:"有什么事?""你好,大姐,打扰你一下,我们是九成公司,今天上门做产品宣传活动,专门带来一个产品给你看一下。"师傅接对方的话开始了他的推销工作,他一边说一边拿出一板袋装的飘莎洗发水(四条一板,一条十包),因做过日化产品,我一看这个包装与联合利华的夏士莲除了牌子不同其他包装图案全部一样,就知道是仿冒型产品。他将这个洗发水放到妇女的手上,不等对方回话又说:"飘莎洗发水,是夏士莲的第二代,效果比夏士莲更好,它的配方是……大姐你用了飘莎洗发水后,头发一定会更美"。"今天我们做宣传活动,专门把这么好的产品送上门,用好了请你对亲友宣传一下好不好?"妇女拿起手上的洗发水看了起来,然后高兴地说:"好,用好了一定会帮你宣传。""谢谢,我们这个产品在昆百和仟村百货的上市价格要32元一板,今天为了让你试用我们的好产品,为我们做宣传,我们只收16.8元,你们前边那个楼姓马的大姐一下就要了8板,来,大姐,给你拿上三板试用一下,你看够不够用。""够了够了。"大姐回答。我师傅双眼盯着对方,没给大姐任何思考时间说:"三板,一共是16.8元乘以3,三八二十四,三六一十八,一三得三,一共50.08元,请准备一下零钱。"不知道那位大姐当时想过什么没有,我只见她进屋就找来钱买了我师傅的三板洗发水,也不知道她怎么用。师傅收了钱,又问:"大姐这么不错的产品,你要不再多准备点?以后到商场就没这样便宜了。"大姐这下倒清醒,说:"不用了。"师傅说了声再见,就很自然地将大姐的门拉过来关上了,边关边说:"打扰你了,我帮你把门关上。"说着,门也就全关好了。

师傅对我说:"你要记住我是怎样与别人说话的,我刚才做的叫直销五步,等一下我教你做。你知道我为什么要为她关上门吗?"我说:"是为了礼貌。"师傅看了我一眼,得意地说:"没全对,主要是为了把她关在自己家里,我们才好进行下一家的直销。"就这样我们敲门敲到了中午十一点多,大概敲了一百多家,其中有人买了也有人坚决不要,师傅统计了一下,共销出了近十一板大约四百多包。

中午我们四个人汇合到一起吃饭,三块钱的快餐硬叫他们讲到了两块五,吃完饭休息了大约一个小时。师傅在休息时给我讲他们的销售五步、成功八点和

第四章 求之于势——用结构来营销

如何回答顾客的提问等等,最后他干脆用纸给我写了下来要我背,说晚上开会前经理会考我的,考试通过才能成为公司的直销员。

休息得差不多了,我们走出饭店,这时天下起雨来,我以为他们会找地方躲雨,没想到他们几乎是同时对我说:"直销人员是世界上最能吃苦的人,所以也是最能成功的人,这点小雨你不会怕吧,要是怕了你就找地方躲一下,我们做完来这儿找你。""我又不是没吃过苦,不怕的。"我也只能这样说了。"好,是男人。"师傅说:"直销人不管天晴下雨,还是天上下刀子一天都必须做足八个小时,这样才能成长。""下雨我们找办公楼或居民楼做吧。"

下午我师傅碰到一个从九成公司其他直销员买过飘莎的顾客,在师傅向他做销售五步时,他拿剩下的飘莎洗发水很恼火地说:"你不要再来骗人了,上回我买过的,把我弄得头皮越来越多,用了头也发痒。"你猜我师傅怎么处理的。他对这个人说:"先生,你说得不会错,的确如此,但请你不要发火,你应该高兴。""我还能高兴吗?""你头上的变化,正好证明飘莎是有效果的,一般的人不知道为什么,我们专门学过,现在向你解释一下,如果你明白后还认为我们的产品不行,我给你退货赔钱。头皮发痒是因为你以前没用过这种特别有去屑功效的洗发水,以前的洗发水是化学品,不断用会在头上产生反应形成生物沉淀,用我们飘莎后,它与你头皮层下生物沉淀发生反应,所以头上的头屑会突然多起来,头也会发痒,但不会长期痒,痒一阵后就会感觉头上轻松了不少,我说得对吧。"不等那人回答,师傅接着说:"飘莎是在除去你头上的生物沉淀,所以你的头屑会比过去多,这是正常的。不知你注意到没有,同时头上还会有些头发脱落下来,有了这种反应,你一定要坚持用我们飘莎洗发水,你一定想问为什么,因为只有继续用才能让你头上的生物沉淀被我们的洗发水完全溶解掉,生物沉淀没有了你的头发就不会掉,头也不会痒,头屑自然就没有了。"师傅停了一两秒后说:"你不要不相信,要是我们产品质量不好我们会来了又来吗?要是产品有问题我们早跑了,还会来吗?"师傅拿出产品放到那人手上:"先生,你上次一定拿得少,这次就给你准备一板,用后一定没问题,你给我16.8元就行了,没零钱的话我补你也没关系。"老实讲,我当时不仅不信我师傅讲的这些话,而且担心那人要找他的不是。没想到的是,那人居然又买了一板飘莎洗发水(直销里有个销售五步,强调用销售五步的时间不超过三分钟,如你能用好就可以短时间控制顾客的思维实现销售,当然这只适用于价格在几百元以下的商品,大额的销售用这个方法是没用的,要掌握做大宗产品销售的方法最好专门学习面对大客户销售技巧)。

从那个顾客那儿出来,师傅拉着我就走,他到街道上的小店里跟其他两个打了传呼,商量说不在这儿做了。到下一个区域后,他不但将自己的一件半洗发水销完了,又帮另一个人卖出了一百多包。我自己都没想到的是,按师傅的意思,我用他教的销售五步法居然也卖了一百多包洗发水。五点半后,四个人又汇合到了一起,师傅告诉我做直销的人一定要守时,所以早晨上班要准时,晚上下班也必须准时。

回到九成公司,师傅他们一进门首先就到财务那里交货款(所有直销公司都有对员工的规定,只有公司财务不在,直销人员才不得不将货款和产品留在自己身上)。我也跟进财务室,从而明白了九成公司对直销员的工资和提成的计算办法。公司每包洗发水向直销员收3角2分钱,公司定的统一直销价为4角,直销员每包有8分钱的利润(直销员卖产品只能高于四角钱,不能低于4角钱)。月底公司按直销人员向公司上交款的8%算月工资(其他公司也是一样,只是比例不尽相同)。

师傅交货款后带我走进销售经理的办公室讲:"谭霁做直销还比较适合,我觉得他有发展前途。"接着经理拿出一张全是问"什么是销售五步、成功八点"的试卷要我做答,已经背过他们销售五步、成功八点的我,当然能过关(其实即便答不了,只要他们觉得这个人能卖出产品,大概他们也会想方设法让人过关的)。经理说,我没钱拿货就只能把身份证押到公司,明天才能领货出去。"我看你连吃饭的钱都没有,才决定同意你押身份证拿的货,对其他人是要交一百元的货款

第四章　求之于势——用结构来营销

才能领,而且一般都要跟师傅学习三天后才允许自己出货。"我只能将身份证交给公司,跟着师傅到大厅参加晚会的会前会(经验分享自由会)。

晚会结束后,陈明元问我:"卖了洗发水没有,我卖了一百多包挣了11块多钱。""我挣了8块钱,我觉得他们卖的是劣质产品。"我悄悄对他说。"先不管了,我们挣点钱再说,现在走,怎么生活?"陈明元看着我讲。我拉了拉他的手:"他们的销售方法与我们过去做的不一样,学一下也好,他们的管理跟传销有很多共同点。"陈明元说:"不会是传销吧?""不是,1995年我就在学校接触了传销,开奥索时借用过传销的东西和管理理念,1997年又做过传销,你又不是不知道,现在这与传销的销售方式完全不同,只是一样地带宗教文化似的成功心态激励和管理上有很多相同点。"我知道我这个中学同学,1999年中专毕业后跟我在重庆金卫门业做万洲地区的销售,为实现我半年一个行业的计划,才分钱不带地跟我来昆明闯天下的,他有点厚道又有点胆小,所以我把我的看法告诉他。"那等下,把昨晚的饭钱还掉。"

吃了晚饭,还了我们昨晚借的5块、早一人1块、中午又是一人3块的饭钱,加上付去两个人5块晚饭钱,我俩身上又只有1块多钱了。只希望明天出去多卖几包洗发水了……

以上是真实的直销人员生存录,反映了直销人员的艰辛。在这里,我们重点可看到,师傅级别的直销人员是多么优秀,既能抗挫折,又能随机应变。虽然对于他所做的随机应变的事情,我们觉得不道德,但是他身上具有的随机应变素质还是要肯定的。

总之,优秀的直销人员是人才。如果一个公司有大量的这样人才,这个公司的销售也不用发愁,然而这是不现实的。因为,优秀人才是可遇不可求的。可是,如果我们没有一流的销售人才,该怎样去销售呢?

最好的办法还是像前面一样,用一套流程去复制优秀的销售人员。下面就是一个真实的故事。

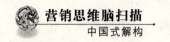

全球某知名的化妆品公司,在美国以直销起家,壮大以后,把直销模式引入中国。然而,在中国,一方面优秀的专业直销人员很少,另一方面中国人特有的排斥陌生人的文化使得原来的直销方式进行不畅,所以它的直销并不成功。基于这个情况,广东中山有一个小伙子,采用了"用流程复制优秀的直销人员"办法,获得了巨大的成功。

小伙子对中国的企事业单位进行了研究,他发现当时这些企事业单位,一周有一天下午要集中学习,而这些集中学习大多是例行公事,并不需要多少时间。但是为了贯彻这个制度,这些单位都会想尽办法安排整个下午的学习。学习效果可想而知,学习要点讲完后,大部分情况是,领导在上面讲话,下面也在讲话或打瞌睡。

见此情况,小伙子联系这些企事业单位,提出来开会的下午,在正事完毕后,可以免费给女工讲礼仪,并承诺请中山大学最好的礼仪教授来讲课。既然是免费,而以前的一些会议也确实浪费时间,这些单位纷纷同意。

于是,小伙子开展了销售流程第一步。这些礼仪专家给女工讲完礼仪后,效果显著,很多女工都感觉到了外表对礼仪的重要性。有人开玩笑说,当礼仪讲完后,一些女工恍然大悟,"这么多年洗脸都洗错了。原来洗脸使用普通香皂,竟然不知道洗脸应该用洗面奶!"

第一步的礼仪讲座进行完后,小伙子马上进入销售流程的第二步——请广州美院的专业学生给女工免费化妆。由于专业学生化妆的效果比女工自己化妆的效果好多了,很多人竟然认为是化妆品好,而不仅仅是专业人士化妆化得好。

接下来的第三步是,化妆品放大镜实验。小伙子提供一个大大的放大镜,请女工来看他销售的化妆品和市面上普通的化妆品。不看不知道,一看吓一跳,用放大镜一看,市面上有些普通的化妆品细菌很多,而小伙子专销的化妆品细菌很少。

经过上述三步后,很多女工开始围观小伙子专销的化妆品。但是面对比普通化妆品价格高出很多的化妆品,有些人还是犹豫。这个时候,销售流程第四步

第四章 求之于势——用结构来营销

启动了。

在销售流程第四步,小伙子专门聘请了一些成交高手来完成交易的最后的"临门一脚"。这些高手,一般无一例外地会对犹豫购买的女工的脸轻弹一下,然后说上一句,"姐,就你这个脸,如果还不做保养,不出三年会变成黄脸婆"。这个动作对犹豫不决的人很有杀伤力。它好比一个人站在跳水台上,想跳又不敢跳,后面的人直接推了他一把。一般做完这个动作后,犹豫不决的人多数选择了迅速成交。因为据调查研究,大部分女工受最后一步刺激后,满脑子想象的是"三年后黄脸婆如何见人的问题,至于价格高低就被忽视了"。

这样,小伙子把一流销售人员的销售流程进行了动作流程环节分解,通过这样一套流程来销售化妆品,在广州取得了巨大成功。在广州用流程销售成功后,小伙子马上把该模式复制到中山、东莞等城市。那一年,他获得了该直销化妆品公司的亚洲区销售冠军。这就是"用好结构来营销"的巨大力量!

虽然,小伙子设计的流程里面有些环节不一定完全具有营销道德,但其"用流程复制销售高手"、"用好结构来营销"的做法是值得借鉴的。

尽管如此,我们还要指出,以上做法还是在低层次运用《孙子兵法》中所讲的"善战者求之于势,不责于人"。随着现代商业的进一步发展,我们中国式营销思维提出了站在更高的高度用结构来营销,即"用商业模式来营销"。

三 用商业模式来营销

从广义的"结构观"来看,模式也是一种结构,当然商业模式也是一种结构。好的商业模式是一种好的结构,也可以用它来营销。

1. 商业模式

现在,企业界越来越多的人意识到商业模式在战略中的重要性。但是,大多数人却没有弄明白什么是商业模式。其实,早在20世纪50年代就有人提出了"商业模式"的概念,但直到20世纪90年代才逐渐流行开来。对于商业模式的内涵,国内外的专家学者都做了深入的研究。经调查研究,对商业模式的定义,大致有四种观点,即利润类、模块类、价值类和整合类。

利润类定义把商业模式概括为企业赢利的商业逻辑,这是狭义的商业模式。Stewart和Hawkins的观点基本符合利润类定义。在企业界和投行,利润类定义很受认可,因为利润类定义的商业模式揭示了企业存在的根本前提。利润类定义是基于企业生存为基础的,随着企业的发展,商业模式的设计远比获利更复杂。

模块类定义把商业模式概括为一些要素组成,包括竞争、产品或服务、客户、供应商、分销商、合作伙伴和资金等。Hogue、Mahadevan、Linder和Cantrell代表的观点属于模块类定义。模块类定义把握了商业模式的基本内容,但是没有提出有效组合,也没有揭示商业模式的本质。

价值类定义强调商业模式是围绕顾客需求运作,最终实现企业价值。Shaferetal和Amit&Zott都强调商业模式实现价值主张。这类定义揭示了商业模式的本质和企业的使命,但是并没有将商业模式的本质和要素结合在一起,没有体系化。

整合类定义不但揭示了商业模式实现价值主张的本质,还强调整合商业模式所需要的要素和资源,形成解决问题的方案和运作逻辑。Morris的主张属于整合类定义。这类定义比较完整地定义了商业模式,即揭示了商业模式的本质且提出了整合性的方案。

显然,至今国际学术界上还没有达成对商业模式定义的统一认同,这样对商业模式的定义和各种研究就成了一家之言,更重要的是由于概念上的理解差别导致同一方向的研究偏差很大。因此,我们的首要任务是要界定商业模式的内涵和外延。由于在对关于商业模式定义的历史文献整理中,我们没有找到对商业模式比较准确合理的解释,所以,在对历史文献资料的研究基础上,我们从营

第四章 求之于势——用结构来营销

销角度将商业模式定义为,"整合有利资源,形成实现顾客价值和企业价值的有机体系"。这个定义结合了价值类定义和整合类定义的性质,强调了顾客价值和企业价值共同实现的原则,揭示了商业模式的本质,同时也要求企业整合资源形成实现"双价值"目标的体系。商业模式的核心是价值流,我们主要从价值交换和流通的方向、效率来研究价值流。价值流等逻辑关系展示清楚、设计合理的商业模式具有很强的竞争力。

好的商业模式具有核心竞争力。商业模式的核心竞争力分为外在竞争力和内在竞争力。

外在竞争力指顾客的核心价值,每个企业都应该清楚地知道给予目标顾客的核心价值是什么。例如,诺基亚的外在竞争力是给予顾客人性化的高质量性能手机;朵唯手机的外在竞争力是给予女性顾客"爱美的享受";OPPO手机的外在竞争力是给予年轻顾客时尚动感的享受;沃尔玛的外在竞争力是给予顾客"物美价廉"的产品。

营销是"比竞争对手更好地满足顾客需求"。企业不但要实现顾客的核心价值,还需要比竞争对手更好地实现顾客的核心价值,这就需要内在竞争力。

内在竞争力指整合核心资源、控制核心价值链条。控制核心价值链需要核心资源,于是整合核心资源是内在竞争力强弱的关键。以沃尔玛为例,综合零售市场的核心价值链条是控制终端,而控制终端的实质就是控制商业地产,控制商业地产的核心资源是资金。于是,沃尔玛通过斥资收购好又多来实现控制门店终端。

当内在竞争力和外在竞争力统一时,商业模式的竞争力达到最大。如何增强内在竞争力和外在竞争力?企业可以通过改变价值流方向和效率来实现,这成为商业模式创新的关键。还以沃尔玛为例,沃尔玛为了给顾客提供物美价廉的产品,需要控制大量的门店。当门店数量达到一定程度时,一是引进高效的物流系统,即提高价值流的效率,从而降低了物流成本,让商品的售价更加低。二是借控制终端的优势,提高与地产商、供应商的谈判筹码,从而压低了进货价格和卖场租赁费用,让商品的售价更加低。更重要的是,它借此拖延供应商的付款期,这就导致消费者的即时付款和对供应商的拖延付款之间产生时间差,在这个时间差内,沃尔玛就多了大量不用支付利息的现金。沃尔玛将这些现金用做金融投资(从这个角度讲,沃尔玛可算全球最大的银行),将赚取的利润反哺到零售中,再次将商品售价降低。在时间差内,沃尔玛将顾客的现金投放到金融领域,从而改变了价值流的方向,将价值转移到金融。然后,将金融领域赚取的利润反哺到零售中,价值流再次回到了零售,实现了增值。三是借终端影响力,控制周边地产,再从地产中的收入反哺到零售中,又一次将商品价格降低。价值流从零售转到地产,再从地产转到零售,实现了增值。所以,我们看到,沃尔玛通过控制终端,改变价值流的方向和提高价值流效率,将"天天平价"做到了极致。这就是沃尔玛成功的秘诀。

由于受到银行界的强烈反对,沃尔玛十多年来都未能申请到美国银行执照。沃尔玛虽然没有银行执照,但是却通过开设货币中心(目前在美国已经有 1 000 多家货币中心)的方式推动金融业务发展,实现企业价值增值。沃尔玛在美国开办银行的目标一直未能实现,却在墨西哥如愿以偿。2007 年至今,沃尔玛已经在墨西哥开设了 80 多家分行。分析预计,未来沃尔玛会在美国及其他国家相继拿到银行执照,从事银行业务。沃尔玛涉足银行业务是通过改造价值流方向实现商业模式再造。

2. 商业模式与营销

从以上可知,商业模式的定义是整合有利资源,形成实现顾客价值和企业价值的有机体系。商业模式的本质是价值逻辑,而营销的本质是通过交换来实现价值。而我们发现,在西方营销体系中居然很少有对价值的研究,这绝对是西方营销体系的根本性漏洞。如果不了解价值的内在逻辑,又如何从根本上理解交换实现价值呢?所以,将商业模式纳入营销理论体系中,深入分析营销的本质,能真正将营销提升到战略的高度。

第四章　求之于势——用结构来营销

营销是"价值感的营造、传递和价值感关系的维持",营销通过交换来实现价值,而商业模式恰恰是揭示价值交换的逻辑。商业模式对营销的贡献是,从价值交换逻辑的深度来做营销。之前,营销更多从形态上来做营销,如产品设计、产品制造、产品分销、广告促销、产品价格、供应商渠道、经销商渠道、目标顾客等。而商业模式恰恰弥补了营销在价值逻辑方面的不足。引进商业模式之后,营销不但要从形态的"形"着手,还要从逻辑的"质"挖掘。

严格地说,商业模式从更高层次上抓住了营销的本质,它从营销本质上看营销和做营销。商业模式在营销中的地位是元战略。它的核心内容就是在交换过程中价值流的内容和流向。换言之,它从根本上解决了营销中价值的具体内容以及价值是如何交换和发生的。例如,麦当劳备受消费者青睐,成为世界最大的快餐巨头。如果用传统营销的理论来解释麦当劳的成功,我们发现会很牵强。麦当劳的汉堡等产品并非质量最好、价格最低,促销活动不多,渠道未必是最好,服务不是最高档,店面设计和装修也不是最豪华。国内甚至有些企业模仿了它的产品、价格、店面设计、服务,甚至定位,但是仍然做不过麦当劳。为什么?从传统的营销理论中,我们似乎很难找到答案,因为我们过多地从营销的"形"上看,而忽视了营销的"质"。

商业模式告诉营销要从"质"的深度分析。麦当劳给予顾客的价值,不是汉堡、可乐、薯条那么简单,更重要的是给予顾客"温暖"的价值。之前,我们讲的体验营销并没有解释"温暖"价值是如何交换和流转的。另外,传统营销分析出可乐是麦当劳销售收入最多的产品,但是却没有解释为什么麦当劳会卖可乐,而不是普洱茶,也没有解释为什么麦当劳的可乐会成为销售收入最多的产品,而不是汉堡。而商业模式的价值流作为新的营销理论能够解释这一切,并且指导企业营销和经营。

3. 用商业模式来营销

在搞清了商业模式的定义以及商业模式与营销的关系后,为了使得本部分

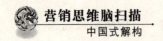

中国式营销思维能"落地",笔者特地摘录了自己在网络上发表的一篇博客。该博客在网络上有几万次的点击量,而且很多业界人士纷纷表示很受启发。故我们在这里原文引用。

用商业模式来营销[①]

詹志方　王　辉

摘要:用商业模式来营销,是一种更高层次的营销。本文通过案例以及相关分析,论述了用商业模式营销的有关理论,并给出了企业如何构建商业模式的底层思维。最后,总结了桶装水企业如何从商业模式层次进行水营销的案例,以此作为示范,希望有关企业从中得到如何用商业模式来营销的启发。

关键词:商业模式　营销

一、案例和理论分析

案例[②]:

"上个世纪90年代初的海南岛,作为改革开放的一个前沿地,各路资金进入海南,大部分资金选择了房地产并炒房。在经济高涨期,房子不愁卖不出去,然而到了经济调控期,随着房地产经济泡沫破裂,炒房者迅速离去,很多开发商开发的房子,在海南根本卖不出去了。一个香港公司开发的高质量楼盘,以2 200元/平方米的成本价竟然都卖不出去了。"

如何解决案例中的问题?有必要从营销有关理论谈起。

营销是什么?不同的人有不同的看法,业界依然还有人认为营销就是"卖东西",故经常看到这样的招聘营销人员的广告:××公司招聘华东区产品推广经理。当然,从理论研究来看,"卖东西"是"销售",而不是"营销"。在西方,科特勒认为,营销是"了解、创造、沟通、传递价值",而基于中国现实,我们认为,营销是

[①] 詹志方,王辉. 用商业模式来营销. 第一营销网.
[②] 本案例改编于:房西苑. 资本的游戏[M]. 北京:机械工业出版社,2008.

第四章 求之于势——用结构来营销

实现价值①。然而,无论是西方和东方都不得不承认,检验营销成败的一个标准是看东西卖出去了没有,无论这种东西是有形的产品还是无形的服务,抑或是商品、思想、创意……

怎么把东西卖出去?西方营销主要用"STP+4PS"来"卖东西",即进行市场细分、选择目标市场、搞好定位,然后通过产品、价格、渠道和促销四个方向来"卖东西"。在《中国式营销》里面,我们把营销比喻成一把"刀",从"营销之道"、"营销之法"、"营销之术"高、中、低三个层次来"卖东西"(见图4.1)。"营销之法"、"营销之术"囊括了"STP+4PS",而"营销之道"是西方营销所没有的。在"营销之道"里面,我们有"营销天之道——道理、营销人之道——道德、营销地之道——道路"三个小部分。《中国式营销》之所以在西方营销战略(STP)之上,还架构了一层"营销之道",目的是从更高的高度看营销、做营销,从而更有效地"卖东西"。

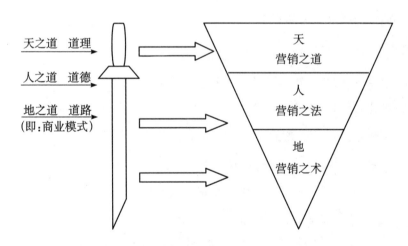

图4.1 中国式营销:营销之"刀"与营销三角形

有了营销"道、法、术"三层,"卖东西"的问题可站在"营销之术"层次解决,也可站在"营销之法"层次解决,还可以站在"营销之道"层次解决。根据营销战略专家魏斯曼的说法:"问题的解决往往不在问题相邻的层面,而在与之相高的层

---

① 詹志方,薛金福. 中国式营销. 北京:世界图书出版公司,2011.

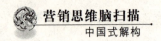

面"，显然站在更高的层次解决"卖东西"的问题，不仅更有力度、更有效果，而且往往能"破解"一些"卖东西"的难题(比如案例中卖房子的问题)。

如何卖案例中的房子？西方营销4Ps战术层次的方法有"打折、促销、打广告、搞活动、路演、发传单、送装修……"显然，这些办法并不能容易地解决问题。西方营销战略层次的办法有"细分市场、目标市场、定位"，然而楼盘已经开发出来，而且在那样的背景下，海南几乎就没有购买市场，根本谈不上重新用STP了。

面对这样的情况，很多人不知所措，有部分不懂经济周期的开发商，选择了"死扛"——卖不出去，就放在那里。结果，2006年笔者去海口的时候，还看到了当年留下的烂尾楼。

香港公司经历过经济周期，当然知道"死扛"的后果，于是寻求各种营销方法解决问题。

然而，传统营销理论解决不好这个问题，并不代表业界人士解决不了这个问题。从业界人士解决的办法来看，他们自发地运用《中国式营销》中的有关理论。具体来说，他们用《中国式营销》中"地之道——道路"解决了问题。

在《中国式营销》中，"地之道——道路"为"商业模式"。"商业模式是利益相关者的交易结构"，它是"整合有利资源，形成实现顾客价值和企业价值的有机体系"。商业模式从价值交换逻辑的深度来看营销和做营销，揭示价值交换的逻辑。商业模式在营销中的地位相当于营销元战略(元战略——战略的战略)。它的核心内容就是在交换过程中价值流的内容和流向。

用商业模式来营销，是一种更高层次的营销。因为，传统营销更多从形态上来做营销，如产品设计、产品制造、产品分销、广告促销、产品价格、供应商渠道、经销商渠道、目标顾客等。而商业模式恰恰弥补了传统营销在价值逻辑方面的不足。引进商业模式之后，营销不仅有了低层次"形"的手段，更有高层次"质"的方法。

下面，我们继续介绍业界人士如何用"商业模式"来卖房子。

第四章　求之于势——用结构来营销

业界人士首先成立了一个项目公司,然后以项目公司的名义和香港开发商协商,愿意以2 500元/平方米的价格买下楼盘,前提是分五年付款。香港开发商没有多大选择,签了协议退出海南房地产市场。

项目公司拿下楼盘后,找银行抵押贷款了三成资金,然后用该资金把楼盘改成星级产权式酒店。有了产权式酒店后,项目公司现在不是卖房子,而是卖酒店产权,房子也不是卖给海南本地人,而是卖给内地的有钱人。项目公司把产权式酒店定价为5 000元/平方米。

内地的有钱人,有一部分每年都想到海南度假,对产权式酒店客观上存在着需求。项目公司承诺:顾客购买他们的产权式酒店,每年都可以享受累计1个月免费入住酒店并享受星级服务的权利,其他11个月,星级酒店对外营运,营运收入顾客和酒店五五分成。因为海南和内地有琼州海峡相隔,内地顾客到海南度假并不方便,为了实实在在打动顾客,项目公司和海南某航空公司又签订一纸协议,项目公司承诺,每销售一平方米房子,给航空公司400元。作为交换,航空公司必须每年给购买产权式酒店的顾客几张免费机票,而且要给顾客30年内5折购买该航空公司机票的权利。该航空公司很多班次本来就有多余空座位,而且为了竞争,票价经常打折,所以欣然签订该协议。

为了扩大销售量,加强现金回笼,该项目公司还鼓励买房的顾客按揭。这样顾客拿现金或按揭的钱,购买产权式酒店,项目公司成功地把现金收回,而按揭的人可以拿酒店营运收入还贷。

通过以上商业模式的设计,该项目公司成功地卖掉了房子。

也许有人认为这是资本运营的做法。但我们认为虽然这里有资本运营的影子,但它本身确实是实实在在用商业模式解决了卖东西的问题,而且卖得很有效,是更高层次的营销。

二、商业模式的五个要点

从商业模式高度来营销,确实有效,而且往往能取得意想不到的结果。然而,如题"用商业模式来营销",等企业真正去"用商业模式"时,就不得不回答"如何构建商业模式"的问题。企业只有知道如何构建"商业模式",才有可能"用商业模式来营销"。构建"商业模式"是"用商业模式营销"的前提。

中国式营销秉承的理念是"理论必须落地,反对空谈道理(方向)",所谈理论,都论述到"企业自己怎么用"的层次。就本文来说,我们不仅仅指出"要用营销模式来营销"的道理(方向),还给出如何构建"商业模式"的方法。因为道理(方向)只是解决实际问题的一部分,"如何做"才是企业关心的重点。当然,真正"如何做"的问题,实际上是企业咨询的问题,一句话,只能具体问题具体解决。但是,我们给出具体"如何做"的底层思维,企业可以根据这个"底层思维",结合具体情况,就基本能知道如何做了。

以中国式营销来看,商业模式有关定义虽好,但是还不足以指出如何构建商业模式的关键。通过对大量案例的剖析,我们总结出了构建商业模式的五个要素,企业可以围绕这五个要素设计解决自己营销问题的商业模式。这五个要素表述为"价值感—结构—赢利点—控制—持续"。限于篇幅,我们重点介绍"价值感"、"控制"两个要素,其他只点到为止。

1. 价值感

价值是传统营销的核心,也是商业模式的重心。什么是价值?在经济学里面一直是不同流派争论的对象,有的说价值源于稀缺,有的说价值是一种社会关系。当然,从营销角度来说,价值在于能够满足需要,而需要是和问题相关的。因此,价值也可以表述为能解决消费者的问题。按科特勒的说法,价值有"产品价值"、"人员价值"、"形象价值"、"服务价值"等,除此之外,科特勒还强调让渡价值(总价值—总成本)。当然,随着社会的进步,产品的丰富,现代人慢慢由理性消费走向感性消费,不仅仅关心产品的实用价值,更在乎产品的无形价值、情感价值。很多消费者是因为"我喜欢"就购买产品,而不仅仅是"我需要"。而且消费者为了这个"我喜欢"甚至可以支付更多的货币。基于此,我们

第四章 求之于势——用结构来营销

强调价值的感觉,即价值感。有没有价值,其实是消费者的一种感知,一种体验。价值只有消费者感知到了,才有"价值感",如果消费者感知不到,再好的东西,都没有价值。

显然"价值感"概念符合"体验"经济时代的特点,也符合现在网络世界人与人互动的情感特点。如QQ对消费者的价值,除了QQ本身的价值以外,更多的是QQ承载人与人的关系感知。

当然,价值感还要对企业所有的利益相关者适用。商业模式就是对各个利益相关者有价值感的交易结构。好的商业模式要对企业、股东、员工、顾客、其他参与者、合作者都应有价值感。

最后,我们用价值感,更多地是为了突出其可营造性。现代企业可以多方面营造价值感,如北京"雕刻时光"咖啡屋通过留言本等工具,鼓励顾客在喝咖啡的同时,写下自己的感受和其他好友分享。如有顾客写下"亲爱的朋友,我在这里喝咖啡,看着蓝天白云,想起了我们在一起的日子"。一段时间后,好友到这里看到这个留言,很高兴,很激动,甚至也会留下这样的语句"看到你的留言,我激动地几乎流泪,真的好想你了"。这样,价值感就营造出来了。

2. 结构

商业模式是利益相关者的交易结构,它是"整合有利资源,形成实现顾客价值和企业价值的有机体系"。结构(有机系统)是价值的承载体,其重点是关注交换过程中价值流的内容和流向,并进行合理地设计与安排,其功能是把对各个相关者的价值(感)营造出来并进行有效的传递。

3. 赢利点

赢利点是商业模式设计者要考虑的重点问题,也是如何卖产品产生利润的问题。从商业模式的角度来看,企业卖产品赚钱,不仅仅只有顾客带来利润。在网络信息经济时代,某个产品的赢利点,除了顾客以外,还有很多其他方面。当今,产品成为信息载体的现象越来越普遍,如雨伞上可以打银行的广告,饮水机上也可以打方便面的广告。在网络上,很多产品本身免费发布,通过其他赢利点来赚钱。如 QQ,免费给用户使用,但是它赚取广告厂商的钱,或者由于成了其他产品发行的平台而赚钱。又如,第三方支付系统,免费给用户使用,然后利用用户在保证期的资金以及其他网络沉淀资金来投资赚取收益,等于是变相从事金融业务而赚钱……企业在设计商业模式时,一定要考虑好此模式各个阶段的赢利点,要把眼光放开,灵活多变地卖产品,这样卖产品就上升了一个境界,不再受传统营销理论的限制。按照传统营销理论,卖产品的价格底线是成本,如果低于成本,就不能赢利了。现在就不一样了,有些产品可以低于成本出售,甚至免费,通过免费把极大价值让渡给客户,聚集人气,然后在其他赢利点上把这个产品的钱赚回来。

4. 控制

我们认为"控制"是商业社会的核心,亦是商业模式能否成功的关键,还是商业模式创新升级的重点。"控制"要回答"凭什么赢利点产生的钱归本企业来赚,而不是别的企业来赚"的问题。设计商业模式,如果想不清楚"控制",往往是为别人作嫁衣裳。因为,当今世界,信息透明,专利保护弱化,资本充分流动,如果一个好的模式,没有想清楚"控制",就会在一夜之间被人模仿、被人超越。这种情况,在网络行业尤其明显。

我们把控制分为三层境界。

(1) 最底层,利用一些自然属性控制,如隆平高科杂交水稻模式。隆平高科要卖水稻种子赚钱,就得有效控制,否则农户买了种子,粮食成熟后,就不会持续购买种子。这样,我们发现了"杂交水稻成熟后的谷粒"是不可以再次做种子的,为什么这样,网上有人说,"这样的谷粒是三倍体植株,不能进行受精作用",当然,还有不同的解释。在这里,我们并不关心其他科学的解释,只是用商业思维看问题,我想有意还是无意,这都是一种很好的"控制"。当然,一些养名贵动物的企业,进行品牌连锁经营,为了"控制",只给一个性别的幼仔,也属于利用自然

第四章 求之于势——用结构来营销

属性进行"控制"的方式。

(2)中间层,利用商业安排等控制。例如,利用商业合同控制,利用绝对控股权控制,利用提前收费的"卡模式"控制,利用消费信贷、金融租赁控制,利用提供更高的价值给客户以使顾客产生忠诚的控制。这里,我们介绍一种"功能替代"的控制方式。像利乐公司,它不仅销售利乐枕给牛奶企业,竟然还给客户融资租赁设备,并安装调试设备,提供机器维修服务,甚至教客户做营销……这样,利乐公司把牛奶企业自己应该从事的某些功能都替代了,它对商业模式控制达到了很高的水平,其赢利也是自然而然的,而且还不怕其他企业抢市场。

(3)最高层,利用"无"来控制。"无"是一种境界,也是一种巧妙的商业模式"控制"方式,它主要利用《中国式营销》中所讲的"一阴一阳之谓道"原理来控制。也就是其模式表面看起来不赢利,它不是商业模式,或者看不清它是干什么的,这样,别人就根本不会复制了。当然这需要很高的功力,就像当年"马大侠"的支付模式一样。绝大部分人,看不清楚这类金融的模式,等到它做大的时候,即使看明白了,因为网络经济"赢家通吃"的特点,它已经可以"持续"了。

5. 持续

商业模式的持续,就相当于企业的基业长青。要能够持续,首先要讲究商业道德,很多类金融模式很好,但不能持续,为什么,因为一开始它就是想通过"非法集资"来赚钱。这是不道德的,任何不道德的东西,是不能持久的,是容易"见光死的"。也就是说,一种商业模式能够持续,必须给社会带来价值,有它真正的使命。其次,要有战略眼光,要清楚自己设计的商业模式在哪些阶段赚哪些钱,哪些阶段又该干什么,做到心中有一定的规划。最后,要学会商业模式的积极转型和升级。任何商业模式都是在一定的经济条件下出现的,新的经济、新的竞争会促使产生新的商业模式。企业要学会在上面所介绍的"价值感"、"结构"、"赢利点"、"控制"的各个方面用心思考,以便通过商业模式的转型和升级来"持续"。

三、总结

总之,我们认为,企业可以积极设计商业模式,用商业模式来营销。从商业模式高度来营销,营销具有高度和广度,营销创新也无止境!下面我们用一个常见的卖桶装水的企业来示范,如何通过商业模式升级来展开营销。

卖桶装水,从商业模式来看,经历了以下几个阶段。有关企业可以仔细看看,如何在商业模式层次进行营销来有效卖水产品,也可以仔细体会商业模式如何升级。

第一阶段模式,厂家—卖水和饮水机—中间商—卖水和饮水机—消费者,厂家和中间商在各自环节上通过两个产品(水和饮水机)来赚钱。

第二阶段模式,厂家—卖水(送饮水机)—中间商—卖水和饮水机—消费者。厂家送饮水机是为了占领更多中间商渠道,这样通过卖更多的水赚钱,中间商通过卖水和饮水机赚钱。

第三阶段模式,厂家—卖水(送饮水机)—中间商—卖水(送饮水机)(送饮水机需要消费一定数量的水)—消费者。厂家和中间商都只赚卖水的钱。但是这个模式很容易引起价格战,因为,中间商的饮水机是厂家送的,没花成本,对它来说,就是给了其打折的空间,他会有积极性在水上给消费者打折,以占领更多的消费者。其他中间商也不得不跟进,结果,整个价值链上的利润空间就会越来越薄。

第四阶段模式,厂家—卖水(送饮水机)—中间商—卖水(送饮水机)—消费者。在这个阶段,厂家送饮水机,要中间商交押金,而且在饮水机上打品牌名,一次要求中间商拿多个饮水机,这样中间商需要交很多押金,收的押金到时返回利息和本金,其主要目的是不允许中间商随意打折,以免因此丧失彼此的赢利空间。这样厂家和中间商还是通过卖水来赚钱。

第五阶段模式,厂家—卖水(送饮水机)—中间商—卖水(送饮水机)—消费

第四章 求之于势——用结构来营销

者(这样的消费者是公司用户或其他人多的地方的客户)。这个时候,厂家和经销商都可以不在水上面赚钱,也不在饮水机上赚钱,可以以成本价给客户。之所以能这样,是因为这样的客户待在一个人群集中的地方,有广告价值,厂家只需要在饮水机上面改良,上面安装一个液晶显示屏,里面可以播放广告(如××方便面的广告)。这样,这些厂家都转型为广告中介公司了,通过卖广告来赚水的钱。

第五章
一阴一阳,看问题看"本质"

"一阴一阳之谓道",万事万物展现出阴阳两面,很多事物,表面上看是一回事,但从内在看又是另一回事。很有意思的是,事物的决定力量,往往不是表面所展示的东西决定的。譬如说,股市走势不是由表面上看得见的、在股市大厅里热热闹闹的散户决定的,而是由看不见的因素决定的。所谓无形胜有形,或许另一面深层次的才是事物最重要的东西。这样,我们看待任何事物,不要被表面现象所迷惑,而是要透过现象看本质。所谓"外行看热闹,内行看门道"。透过现象看本质,才能真正入行。

一些企业在营销上模仿竞争对手,如你薄利多销,我也薄利多销,你做汉堡包,我也做汉堡包,然而别人赚钱,自己亏损。原因在于,没有深入分析竞争企业的本质,而是照猫画虎,营销手段达到了形似,但是离竞争对手支撑营销手段的商业本质相差十万八千里。

基于以上原因,我们提出,和别的企业营销竞争,不能仅仅停留在营销手段的表面层次,还要深挖竞争对手支持营销手段的本质。从本质深度来思考营销竞争,才是王道。

第五章 一阴一阳,看问题看"本质"

一 何谓本质

本质,从字面意思来理解,是"本身性质"、"内在属性",它常常和"事物"组成"事物本质"。从实用的角度来看,人们更多地关注"事物本质"的内涵。所谓"事物本质",意指事物内在属性,一般引申为"事物内在最重要的方面"、"影响事物最核心的因素"、"事物的最关键因素"等等。

近年来,关于本质,对企业界影响颇大的理论是"行业本质"论。现在很多著名的咨询公司都纷纷开始了"行业本质"的研究。承上所述,"行业本质"可以理解为"行业最重要因素"、"行业最核心因素"、"行业的关键因素"、"行业的关键成功因素"、"行业战略因素"等等。对"行业本质"进行理论研究的著名学者有郎咸平教授,他旗帜鲜明地提出了"行业本质论",并强调做经济、做商业,最关键是把握行业本质。

郎咸平教授是笔者尊重的一位学者,他是为数不多既能够做好经济的宏观研究,又能够做好企业微观研究的大家。其研究成果不仅有宏观指导性,而且往往能"落地",对企业经营有直接的借鉴作用。郎教授不像有些经济学者,他们虽然能大谈特谈宏观战略,但是给人的感觉:其战略要么是人人知道的大道理,要么是浮在空中虚无飘渺带有哲学性质的东西。郎教授也不像有些管理学者,他们只关注"细节",然而在管理的战略方面(或大方向方面)的把握上则有所缺欠。郎教授能做到宏观和微观方面的兼顾,笔者非常佩服,这促使了笔者对其"行业本质论"的研究。

初听"行业本质论"是郎教授在湖南娄底的一次演讲。在这次演讲中,郎教授剖析了西班牙一个服装品牌莎拉(zara)如何把握行业本质而获得快速发展的案例。郎教授通过他的研究得出结论,服装业要能快速发展,超英赶美,甚至打败一流的品牌(如路易·威登、古奇、范思哲),其关键是把握其行业本质。落后地区的服装业要发展,不是靠资本化、机器化、智能化(简称"三化"),也不是靠低成本。因为"三化"和低成本不是服装行业的本质。他指出我国落后地区发展服装业,以传统方式引进外资等做法是错误的。用他的话说,我们服装业(以及很多类似的传统行业)引进外资越多,死得越快。因为"三化"和低成本不是这些行业的本质。郎教授也反对用"朝阳产业"、"夕阳产业"来思考地区产业发展,他说,如果用这样的思维去思考经济发展,其思维本身就是"夕阳思维"。总之,他认为,突破传统理论的新思维是"行业本质论",要从行业本质来思考经济和商业的发展。

那么服装行业的本质是什么?郎教授认为是"无与伦比的前导时间"。笔者想很多人对"无与伦比的前导时间"这个词汇是陌生的,这是郎教授对服装行业本质的一个高度概括,因此笔者很佩服郎教授的思维和口才。按照郎教授的解释,"前导时间"是指服装从设计、生产,到物流、门店经营、上架,再到消费者购买的这段时间。"无与伦比的前导时间"就是指这个时间尽可能缩短,笔者用一个字来概括就是"快"。借郎教授的说法,服装行业的本质就是"快"。郎教授从生产、物流、门店经营和上架方面剖析了莎拉是如何围绕"快"这一本质来做的。在生产方面,莎拉90%以上的生产放在西班牙本部,没有选择放在亚洲国家。因为虽然亚洲国家(如越南)确实能给服装业带来低的劳动力成本,但是低成本不是服装行业的本质,所以为了"快",莎拉并没有把工厂搬到亚洲国家,而是选择在西班牙生产。而在西班牙生产,莎拉并没有我们国人所想象的全部用大工厂进行生产,而是用二十家大厂和四百家手工小作坊生产,并为四百家小厂商提供配套服务。二十家大厂统一为布匹染色和裁剪,因为这样可以加快速度。四百家小厂是莎拉生产的主体,并没有机器化和智能化,因为这些不是服装行业的本质。二十家大厂裁剪的布匹要送到四百家小厂,之间有一个生产物流的安排,为了使得在这个方面节约时间,莎拉竟然作了一个前所未有的物流安排:在二十家

第五章 一阴一阳,看问题看"本质"

大厂和四百家小厂之间挖地道,然后用高压气体来传送布匹。这个成本是相当高的,然而为了"快",莎拉不吝巨资。在生产到门店的大物流方面,莎拉也作了教科书上面所没有的物流安排。如美洲是莎拉的重要消费场所,然而据郎教授的研究,莎拉在北美洲竟然没有仓储中心,其主要仓储中心在南美洲。当然这并不是由于南美洲的地价便宜。按照服装流行的规律,服装时尚总是从北美洲开始,然后流行到南美洲,而南美洲和北美洲季节气候刚好相反。按照流行规律,北美流行的东西出现后,就该是南美跟进了。这样莎拉的服装刚刚在北美洲流行,季节一倒过来,就该是南美洲流行了。而这个时候,莎拉的服装甚至就在南美洲时尚流行之前就已经占领市场,等着消费者来购买。可见莎拉为了"快"做了很多精心设计。在门店经营和上架方面,莎拉为了"快"也花了不少心机。很多消费者在买品牌服装时,因为比较慎重,所以选了又选,试了又试,甚至最后还不买。这样的购买行为和莎拉的"快"是矛盾的。莎拉为了解决这一问题,对消费者心理进行了研究。研究发现,女性消费者在购买服装的时候,应该适当给予一点挫折,也就是不能让她们觉得在莎拉是那么容易买到适合自己的衣服。基于此,莎拉对自己的衣服型号的比例进行了控制。假设人的身材按正态分布,胖子、瘦子和中等身材各占10%、10%、80%,胖子对应的服装是L型,瘦子对应的服装是S型,中等身材对应的服装是M型。传统服装在门店经营和上架时,三个型号(L,S,M)的比例是1∶1∶8。然而莎拉反其道行之,L∶S∶M是1∶1∶1,这样极大需求的M型服装是紧缺的。这样做的结果是很多女性消费者去买莎拉服装的时候,一进门店,不是试穿衣服,而是翻开衣领看型号,发现合适的M型号就拽在手中去交钱,不再是选了又选、试了又试和讨价还价,因为她们生怕选不到合适的衣服。即使有些消费者没有选到合适的衣服,下次还会来抢购。因此莎拉的门店光顾率相当高,平均来说,消费者一个月光顾莎拉门店为17次,而光顾古奇不到3次。按照郎教授的分析,莎拉正是把握了服装行业的本质"快",然后围绕这一本质实施管理,才取得了巨大成功。2003年莎拉在全球服装

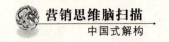

品牌排名中位居第三、在西班牙排名第一,2005年被评为欧洲最佳品牌,而且这家企业诞生还没太久,就能迅速打败国际知名品牌(如美国的GAP)。

郎教授关于莎拉的行业本质分析,是激动人心的。于是笔者翻阅了郎教授的大量书籍,如在《蓝海大溃败》一书中,郎教授对很多行业进行了本质分析。如手机行业的本质是"势能"、液晶电视行业的本质是"科技驱动"等等。

不可否认,郎教授的"行业本质论"对业界启示很大,很多企业家都开始思考自己企业所在行业本质的问题。除此之外,我们认为,行业本质论,会进一步促使企业家重视"看问题看本质"。

二 看问题看本质

看问题看本质,在这里,我们主要强调不要被表面现象所迷惑。商业问题异常复杂,如果企业家被其表面现象所迷惑,就很难成功。麦当劳老板雷·克拉克在哈佛商学院给EMBA班上课的时候,曾经问过听课的老总一个问题:麦当劳赚什么钱?很多听课老总哈哈大笑,说"不就是赚汉堡包的钱吗?",雷·克拉克摇头。笔者估计,大部分人还能想到"麦当劳赚可乐的钱,赚薯条的钱(即搭售或交叉销售)",或者想到"麦当劳赚连锁模式的钱"。但是雷·克拉克说的答案是"麦当劳赚房地产的钱"。

原来,麦当劳在创业初期,来到每一个地方,就购买入驻门店的周围店面,或者就入驻门店周围的店面长期签约并把租金固定下来。入驻门店后,其周围的门店,因为麦当劳带来的人气而租金升值,麦当劳再把这些门店转租给其他人,而且这个租金不是固定的,每年随着市价上升,而且还要比市场平均租金高20%左右。

如果其他做快餐的企业家看不到麦当劳这个本质,而一味去模仿其表面,他卖汉堡包,我也卖汉堡包,大体上也就不能成功,甚至还搞不清楚自己是怎么

第五章 一阴一阳,看问题看"本质"

输的。

笔者曾经问学生、中小企业老板和部分MPA学员一个问题:"全球最大的银行是哪个?"大家的回答多是"中国工商银行"、"东京三菱日联银行"、"花旗银行""高盛银行"、"罗斯柴尔德家族银行"(《货币战争》一书中提到)、"美联储"、"中国人民银行"。显然,根据"一阴一阳,看问题看本质",这不是笔者需要的答案。

笔者想要的答案是"沃尔玛"。关于这个说法,笔者讲述了好几年。有关解释可先看这些材料:

1997年,沃尔玛年销售额首次突破千亿美元,达到1 050亿美元。

另据国外媒体报道,2010年全球500强排行榜中,沃尔玛以4 082.14亿美元的年销售额位居榜首。

2001年,沃尔玛单日销售创历史纪录,在感恩节次日达到12.5亿美元。

2003年,沃尔玛在一个黑色星期五创造了一个单日销售纪录,达到15.2亿美元。

业界人士都知道,超市和商家的供货关系大体是这样的:厂家先发货,然后超市销售,超市在一段时期后结现。假设有一个中小厂家,年初发货了成本90万元(市值假设100万元)的产品给沃尔玛,又假设沃尔玛均匀销售,年末的时候,沃尔玛给了这个厂家100万元现金。就算沃尔玛不在产品上赚一分钱,它也赚了。为什么呢?

不妨把厂家发的成本90万元(市值100万元)的产品,当做是存入沃尔玛这个"特殊银行"的钱,然后存了一年,被返回了。那么这个100万元,对沃尔玛来说,没有给一分利息。用财务理论图解(见图4.2),就相当于免费用了50万元的现金。

如图4.2所示,虚线部分代表实物产品状况,实线部分代表现金状况。沃尔玛均匀销售产品,向下的虚线箭头代表产品卖出去了,产品在减少;而向上的实

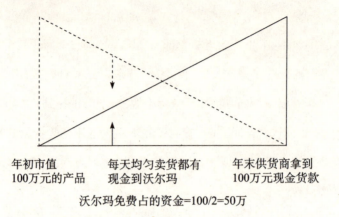

年初市值　　　每天均匀卖货都有　　年末供货商拿到
100万元的产品　现金到沃尔玛　　　100万元现金货款

沃尔玛免费占的资金=100/2=50万

图 4.2　"沃尔玛"免费占用资金分析图

线箭头,代表随着产品的卖出,回馈到沃尔玛的现金在增加。虚线部分的产品在减少,而实线部分的现金在增加。由于假设是均匀销售,沃尔玛第一天卖出了100/365的产品,收回了100/365的现金,这个现金沃尔玛免费用了一年,沃尔玛最后一天卖出的100/365的产品收回的现金,沃尔玛免费用了一天。这样,平均来看,就相当于沃尔玛免费占用供货商50万元现金。

别的银行吸收存款是需要利息成本的,而沃尔玛不需要。从这个意义上说,沃尔玛是全球最大的银行。我们又做一个假想,假设"沃尔玛银行"来到中国市场,通过上述方式吸收了免费的200亿元现金(2009年沃尔玛在中国的销售额接近400亿元),试想它会做什么呢?没学过任何商业知识的人都知道,把这200亿元存入银行,按4%的固定利率算,一年的利息就有8亿元。何况众所周知,沃尔玛还有自己的地产投资,你说在中国房地产市场,投资收益率只有4%吗?我们又假设,沃尔玛把一部分地产投资收入来支撑"天天低价"营销战略,那么它是不是"人气"更旺呢?如果人气更旺,供货商的谈判地位是不是得不到改善呢?如果是,我们可以见到,超市不仅压现金,还向供货商索要各种费用,如店庆费、上架费、推头费等等。很多供货商苦不堪言,不得不感叹"不进超市等死,进了超市找死"。

第五章　一阴一阳,看问题看"本质"

如果中国企业没有看到"沃尔玛在中国开银行"的本质,而仅仅在表面上模仿,卖产品、天天低价、做供应链等等,结果基本上是输的。

关于沃尔玛,笔者以前还只能以"一阴一阳谓之道"为指导,加上"财务知识"分析得出"沃尔玛是全球最大银行"的答案。然而现在,事实表明了这一切。

沃尔玛十多年不遗余力地布局银行业。早在1999年第一次收购银行失败,银行业对这个零售巨无霸涉水银行业务表现得非常敏感和强烈反对。2005年,当沃尔玛首次向州监管部门和联邦存款保险公司提交经营自己的实业银行申请,美国多数银行强烈反对向沃尔玛颁发银行营业牌照。在强大的反对声中,沃尔玛不得不收回申请。现在,沃尔玛虽然没有在美国拿到银行执照,但是却通过开设货币中心(目前在美国已经有1 000多家货币中心)的方式推动金融业务发展。沃尔玛在美国开办银行的目标一直未能实现,但却在墨西哥如愿以偿。2007年至今,沃尔玛已经在墨西哥开设了80多家分行。最近,沃尔玛已经获得加拿大的批准,允许其在当地开展银行业务。分析预计,未来沃尔玛会在美国及其他国家相继拿到银行执照,从事银行业务。①

有了沃尔玛的分析,我们不妨用"一阴一阳,看问题看本质"分析"马大侠"的免费的"宝付支"。马大侠曾经在江湖上说,他不怕别人竞争,因为"宝付支"是免费的。现在用我们的理论来看,就能见端倪了,据说2010年全国第三方支付总额约5 000亿元,何况网络上还有巨额的沉淀资金。

在这个纷繁复杂、快速前进的中国市场上,还有很多类似的操作。由于中国金融业是管制的,所以,很多企业变相经营"类金融",其所展示的产品以及产品营销只能是它们资本运作的道具。如长虹当年把彩电产品当做融资的工具,低于成本价出售给大批发商,前提是大批发商拿购买的彩电去抵押,立即换取现金给长虹,这样长虹通过漫长的渠道融资来获取巨量现金,然后把现金投到股票市

---

① Carolyn Whelan. 沃尔玛的墨西哥银行. 财富时代. 新都网,2010.6.3.

场和房地产市场等炒作一把,以资本市场所赚的钱来弥补产品市场的亏损,获得快速发展。如果其他彩电厂商看不到长虹的"类金融"经营本质,就贸然跟长虹打营销价格战,一定会惨败。

我们认为,首先一定要从本质高度来看清楚竞争对手的实质,才能去思考怎样和对手进行营销竞争。

三 从本质来看"行业本质论"

"一阴一阳,看问题看本质",也就是万物皆可以从本质角度来看,理论也可以从本质角度来分析。我们认为"行业本质论"确实高屋建瓴,具有启发性和实用性,但是因为郎教授是财经金融学家,"行业本质论"带有财经金融学家的特点虽然高度,但在落实到真正的实践中时,可能还有需要完善的地方。也就是说,笔者的实践表明,"行业本质论"还需要更"微观化",只有这样,企业才可以有更好的操作性。否则,也有可能听起来"有巨大启发",但是真正要做的时候"还是无从下手"。关于这点,还是基于笔者亲手实践的感受。

1. 行业本质论之疑虑

参照郎教授的理论,企业做战略,最关键之处自然在于把握行业的本质。然而笔者在和同事的探讨过程中,却产生了以下疑虑。

第一,有没有统一的行业本质的疑虑。仿照郎教授的方法,笔者和同事一起讨论了一些具体行业的本质。如饮料行业的本质是什么?经过调查以后,我们给出的答案是五花八门的。如有人认为饮料行业的本质是"功能",有人认为是"营养",有人认为是"解渴"。因为这里没有权威的总结,又是开放式的问题,所以大家讨论得非常激烈,每个人都坚持自己关于饮料行业的本质的说法,谁也不能说服谁。这个争论就不得不引起我们的思考了。

第五章 一阴一阳,看问题看"本质"

笔者想,这个争论不管用多长时间,也不会有统一的答案。原因主要有以下几个方面:首先,行业是生产类似产品的企业的集合,要找出一个集合体统一的本质是相当困难的,尤其要得出郎教授那样对企业管理有指导性的行业本质,几乎不能达到。比如饮料行业,有纯净水、矿泉水等水企业,有碳酸饮料企业,有茶饮料企业,有果汁饮料企业,有功能性饮料企业等等,针对具体的各个饮料企业,能给出一个统一的饮料行业本质吗?我们想这是不可能的。第二,行业的本质是变化的。曾有人说,这个世界唯一不变的特征就是"变",即使假定行业本质存在,其本质在不同的时间一定是不同的。因此,即使针对单一的个体,归纳出其所反映的行业本质也是困难的。因为随着情况的改变、竞争格局的变化等等,企业所反映的行业本质是变化的。比如拿郎教授所常用的三星案例来看就是这样的。郎教授说,韩国三星公司抓住了"垂直整合"这个行业本质,所以快速发展了。然而,"2003年以前,'垂直整合'可以指导三星企业快速发展,可是现在就不能了。看来'垂直整合'不再是三星的行业本质了"(郎咸平,2008)。同样的道理,饮料行业在一段时期表现为水饮料,其反映的特征可能是"解渴";另外一段时期表现为功能性饮料,其反映的特征可能是"功能";而最近表现为果汁饮料,其反映的特征可能是"营养"。可见,从横向和纵向的角度定义出一个行业的本质都是很困难的。这就注定了我们展开行业本质的认定是不可能有统一答案的。

第二,对郎教授所定义行业本质的来源的疑虑。由于没有机会向郎教授当面请教,所以这部分是笔者根据郎教授的书籍和一些演讲所进行的推导。根据《蓝海大溃败》等相关资料,郎教授对行业本质主要是从企业的财务角度、历史角度分析得来的。郎教授给出一些行业本质论并没有交代其来源。如对服装行业的"无与伦比的前导时间"、手机行业的"势能"等本质,他并没有进行详细推导。这个给笔者的感觉是需要很高的悟性才能概括出这些本质。在这里,郎教授把经济学解释性很强的特点发挥到了极致。郎教授从历史角度对莎拉、三星、LG等企业进行剖析,总结出各自所反映和遵循的行业本质,确实具有强大的解释性。不过笔者做企业战略的实践情况和这个思维过程完全不同。企业做战略显然不是事后总结出来行业的本质是什么。按理说,如果我们做战略事先就知道行业的本质是什么,那么我们做起来就相当轻松了。因为行业本质就是企业战略的方向,围绕本质做,就是企业战略的实施。然而,企业战略的实际过程和郎教授行业本质推导的过程恰恰是相反的过程。郎教授是站在现在,总结公司过去的财务资料,突然悟出行业本质,而企业做战略,是站在现在,面向未来的。笔者反复研究了郎教授书籍的行业本质论部分,从相关资料来看,郎教授并没有给出我们企业如何在事先得出所从事行业本质的招法。这不能不说是一个遗憾。然后退一步来讲,郎教授所给出的一些行业本质论就一定是正确的吗?我们以莎拉的"无与伦比的前导时间"这个本质来说,它就是服装行业的本质吗?这个就不好说了。首先,莎拉的管理者在做服装战略之初真的是认为服装行业的本质是"无与伦比的前导时间"吗?这个答案是不得而知的。其次,"无与伦比的前导时间"就是服装行业的本质吗?即使莎拉现在是成功的,从研究逻辑上来说,我们也不能证明,"无与伦比的前导时间"就是服装行业的本质。因为没有一个和莎拉一模一样的企业和它作对比研究,说不定一模一样的另一个莎拉采取另外的战略更成功。再次,虽然莎拉"无与伦比的前导时间"的定位成功了,但服装行业的其他巨头并没有完全失败,比如路易·威登、古奇等等。难道它们也认为服装行业的本质是"无与伦比的前导时间"吗?如果所有的服装企业都是以"无与伦比的前导时间"为服装行业的本质,那么服装行业里面的企业理论会逐渐趋同,从而形成红海,杀得你死我活。然而现实不是这样。

2. 对行业本质的再思考

笔者曾经有段时间研习战略管理课程,博士毕业之后去海南航空做战略规划,然后回高校教战略课程,所以主要是从战略角度来思考行业本质。显然,我们做战略时,如果事先得出了郎教授所分析的行业本质,那么就会轻松多了。然而实践告诉笔者,事先得出行业的本质是非常困难的。而从郎教授的资料来看,

第五章 一阴一阳,看问题看"本质"

行业本质对制定战略十分重要。笔者比较喜欢用"道"、"法"、"术"来谈企业的战略管理。笔者认为郎教授所说的行业本质,就相当于战略制定时候的"道"。自古以来对"道"的争论就很大,每一个人(企业)都有他心目中的"道"。据说孔子曾经向老子问过道,老子没有直接给出答案,而是用手指着自己掉光了的牙齿,暗示那就是"道"。后来老子又用车毂(古代车轮里面装车轴的那个圆圈)、装水的杯子、房子的空间来比喻"道"。有人由此引申出来道就是"无",所以需要"悟"。似乎,从这个角度理解郎教授的行业本质论比较合理,因为郎教授给出的一些行业本质论确实很需要悟性。然而笔者认为"道"并不是"无",也不是"悟"。如果把"道"当做是"真理",我们就可以从另外一个角度来思考老子的"道"。按照西方的谚语,"真理往往隐藏在比喻当中",从这里可看出老子的高明智慧,因为他选用比喻来说"道"。按照统计学原理,真理是不能被证真的。按笔者的理解,科学是通过流程来保证科学性的,用的是证伪的方法。也就是通过科学的流程,不能证明什么是真理,而只能证明什么不是真理。从这个角度来看,郎教授对行业本质论的提法,就要换一种表述方式了。也就是说,行业的本质是只能假定的。莎拉可以假定服装行业的本质是"无与伦比的前导时间",三星可以假定其行业本质是"垂直整合"。这样才符合企业做战略的实践。实际上我们在做企业战略的时候,可以假定我们所从事的行业本质是什么,当这个假定通过认证以后,才可以以此为纲来制定企业战略。对行业本质只进行假定,而不是说行业本质就是什么,更符合我们实践。同一个行业里面的不同企业可以假定不同的行业本质,由此制定各自的战略,因而也就有不同的发展。这样,同是服装行业,既可以成就莎拉,也可以成就路易·威登、古奇或者范思哲。如果说,一段时期内某个行业真的只存在一个唯一的本质(真理),那么某个企业的假定比较接近本质(真理),其制定出来的战略所发挥的作用会更大,其发展也会更快。

3. 行业本质微观化——价值分析

综上所述,行业本质只能假定,那么企业在制定战略之初怎么做这个假定?

这个问题自然变成了企业制定战略的关键。郎教授的资料基本上没有给出如何做这样假定的办法,然而做这个假定的价值是巨大的。实际上企业做战略假定的时候,有的是拍脑袋,有的是凭经验,当然有的是请咨询公司。在这里笔者给出一个比较科学的做法。那就是根据价值分析来假定行业的本质。下面以空调行业为例加以说明。我们假设有这样一个企业名称叫"洱海"。等"洱海"做空调的时候,市场上假设已经有"力格"、"斯克澳"等等。那么洱海怎么假定空调行业的本质呢?可主要参考以下步骤来完成:第一,做消费者调查,向已经购买了空调的消费者询问他们购买空调主要看重的因素(即价值因素)有哪些。如通过调查发现有制冷、静音、价格、环保、低耗电等等。第二,问那些没有购买空调的消费者,影响其不购买空调的因素有哪些。如通过调查发现有价格、服务等等。第三,把前两步调查的因素当做横坐标画在如下的价值图上(见图4.3),把主要竞争对手在这些因素上的表现描绘出来。第四,分析图形,看有哪些价值点没有满足。如果有没有满足的价值点,则把这些点挑出来。从我们描绘的图形来看,发现很多企业在许多价值点上的表现都差不多,唯独在服务价值点上都表现很差,

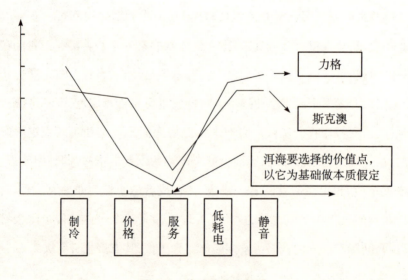

图 4.3 战略价值分析图

第五章　一阴一阳,看问题看"本质"

这个点就是没有满足的价值点。第五,就挑出来的价值点(如服务)再做消费者调查,看有多少消费者现在和未来是否看重这个点。如果看重,就可以把它当做行业本质的一个暂时假定。在我们描绘的图形上,洱海发现"服务"价值点。服务这个价值点,现在很多企业还不重视,消费者却开始看重,而在未来一段时间,消费者将认为其是不可或缺的因素。那么洱海就可以假定空调行业的本质是"服务",企业的战略应该围绕"服务"来展开。

第六章
反者道之动

"一阴一阳之谓道"除了有"透过现象看本质"的启示外,还有"看问题选角度"的重要商业启示。

如"三层两向一中"所述,"一阴一阳之谓道",提示我们看问题要辩证地看,不要简单地把事情切分为好与坏。根据古代阴阳观,中国的好与坏是变化的。正如《道德经》中所阐述的"天下皆知美之为美,斯恶矣;皆知善之为善,斯不善矣,故有无相生,难易相成","祸兮,福之所倚;福兮,祸之所伏"。福祸不但相互依存还相互转化,福可以转化成祸,而祸可以转化成福。可见事物好与坏,不能简单而论。就商业而言,面对阴阳两面的具体事物,最好用"天工人其代之"来应对。

"天工人其代之"出自于《尚书·皋陶谟》。"无旷庶官,天工人其代之",原意为"天的职责由人代替执行",引申到管理哲学意思即为"事物无所谓好坏,灵堂神庙、鬼斧神工,关键在于人来用它"。

从实用的角度来看"一阴一阳"、"天工人其代之",我们可用"反者道之动"来具体表述。"反者道之动",从哲学角度来看,"反"同"返",即"返回到道的本源来思考道运动"。由于"道"在中国是一个只可意会不可言传的东西,争论颇多。因此,管理学界对"反者道之动"的一个降低层次的实用主义解释是"从反方向思

第六章 反者道之动

考"。至于在这里,我们结合"一阴一阳之谓道"来思考"反者道之动",强调"反方向思考优点和缺点的关系",中国式营销思维认为:"任何优点必然包含缺点;任何缺点,从另一个角度来看,也许就不再是缺点,优点和缺点总是根据一定的条件而变换"。简单来说,有时候"优势即劣势,劣势即优势",这对营销竞争很有启示。

笔者曾经在课堂上自嘲。笔者为湖南人,真是"乡音无改鬓毛衰",普通话带有湖南口音,虽然年少时曾努力提高普通话水平,但是终究是属于有口音的老师。根据"木桶理论的短板原理",笔者以前还努力去提高普通话水平,后来释怀了,一方面是因为笔者通过努力去提高,在最后阶段效果甚微(可能是边际生产力递减);另一方面确实是受到"一阴一阳谓之道"、"反者道之动"的启示。一般认为木桶原理要补短板,但是反过来看,也可以发挥长板,即所谓"延长长极,倾斜木桶,照样可以装很多水"。虽然普通话不是笔者强项,但只要做一个有心人,还是可以教好书的,因为可以加深内容。社会学研究表明,人都会在社会生活中不断强化自己擅长的,弱化自己不会的。精于表达的老师,可能在教学形式上很精彩,不精于表达的老师,可能在教学内容上有深度。后来,笔者一上课就自嘲,"我普通话不好,但是不自卑,因为普通话不好,真心想学的同学听得很吃力,这样,说不定上课时,学生更不容易想睡觉"。从整体来看,笔者上课的效果还可以,在高校、"老板班"培训、MPA课堂、市公务员培训班、销售人员培训班等场合,学员评分都很高。

与此类似,一般人认为,"口吃"对于销售员是"缺点",但果真是这样吗?根据前面所述观点,不一定。据说,一个口吃的人和其他人一起去应聘销售图书的工作,当初招聘经理也认为口吃的人不适合,但是他坚持要求招聘经理给他一个机会。基于他的执著,招聘经理给了所有面试的人一个考核,要用他们一天之内销售图书的多少来决定是否予以录用。没想到的是"口吃"的人销售的图书最多。原来,他专门找了一些时间紧张的客户,然后敲开门,向他们推销图书。

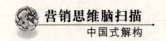

如果,客户不理会,他就坚持说图书好,不信的话,可以当面念几页给客户听。这些客户想到要听他念完几页书得花很多时间,无奈之下,干脆买了书,打发他离开。

这个故事,以幽默的形式展示了"缺点即优点"。而另外一个故事,说明了"优点即缺点、缺点即优点"的独特见解对一个伟大企业家的成长有多重要。

杰克·韦尔奇无疑是世界上伟大的企业家,然而据说他小时候口吃严重,这个现象伴随着他的童年甚至青年。因为这个缘故,韦尔奇很自卑。有一次,韦尔奇在外面哭着跑回家,非常难过。韦尔奇的妈妈格蕾丝·韦尔奇(Grace Welch)连忙问其缘故。原来,韦尔奇和小伙伴一起去点一份夹金枪鱼的三明治时,服务员常常会给他双份夹金枪鱼的三明治。因为他口吃,服务员听到的是 Tu-tuna Sandwich(双份金枪鱼三文治)。

杰克·韦尔奇伟大的母亲,勇敢、坚定并且充满智慧地面对了现实。她对"反者道之动"有天生的敏锐,对"劣势和优势的转化"了如指掌,她常常以独特的视角,来解读韦尔奇的口吃并给出了许多完美的理由,如"口吃并不完全是坏事,它可以表明自己反应速度快"。最后,韦尔奇充分相信,口吃的原因只是因为他的大脑比他的嘴巴转得快得多。正如他母亲安慰他说的,"你太聪明了,所以你才会口吃,别人根本没有这个福分"。

下面,我们具体就"反者道之动"在营销领域的运用进行介绍。首先主要介绍"反者道之动"如何用于营销定位、营销竞争战略。

1. "反者道之动"于定位

面对强大的竞争对手,可以通过"反者道之动"的启示,直接"反定位"。反定位的实例颇多,如前面在介绍定位的时候,讲到了中国大陆第一缕阳光升起的地方被开发出来成为了旅游景点,事实上,中国大陆最后一缕阳光的地方也被开发出来成为了人山人海的旅游景点。

当单纯的定位无法支撑起一个企业时,反定位便应运而生了。定位与反定

第六章　反者道之动

位的结合,为新时代的企业开辟了全新的思维模式。相对于正规、传统的定位策略来说,反定位正是那个我们梦寐以求的"自己的打法"！那么,到底什么是"反定位"①呢？

从本质上讲,反定位也是一种定位,但它超越了原本意义上的定位,是一种颠覆传统营销思维的新战略,它主要通过对强势竞争对手的弱点与缺点进行强有力的攻击,从而打破市场上原有的竞争秩序,使后进品牌突破弱小者面临的竞争困境,快速超越竞争对手,快速占领消费者的心智,进而成为市场的领导者。

著名的军事将领陈赓说过:打仗不能按书本上的方法打,学习那些传统战法和策略的目的,就是为了超越那些方法。

从广义上来看,反定位,它也反映了差异化实质。如果说定位战略是根据自身的优势取胜的话,那么反定位就是在市场"饱和"的状况下,通过攻击对手的软肋,从"老虎"嘴里抢下一块肉！

"一山难容二虎",谁是老大,谁才能得到更多的猎物。商业追求的永远是利润的最大化,而不是每个人都分一杯羹！如果你只是"致力于"分得一杯羹,往往到最后连汤也喝不到。

"最好的防守就是进攻"。与其坐以待毙,不如找到敌人的短处迎头痛击。在市场份额已经被竞争对手瓜分完毕的情况下,只有找到对手的不足,直抵敌人要害,才能全面颠覆竞争对手,才能夺取敌人的阵地,绝地反击的反定位时代已经到来！

定位战略往往以自身的独特品质作为卖点,但在通常情况下,一个品类最大、最好的特性往往已被行业领导者所占有。面对这种情况,怎么办？可运用"反定位"之"差异化"。如农夫山泉刚做水市场时那样。

"农夫山泉有点甜。"

---

① 刘军．什么是反定位．http://vip.book.sina.com.cn/book/chapter_122426_75836.html．

每当提起农夫山泉,消费者脑海中首先闪现的是这句经典的广告语——"农夫山泉有点甜"。这句广告语,首先在农夫山泉一则有趣的电视广告中被提到:一个乡村学校里,当老师在黑板上写字时,调皮的学生忍不住喝农夫山泉。学生推拉瓶盖发出的砰砰声让老师很生气,老师说:"上课请不要发出这样的声音。"下课后老师却一边喝着农夫山泉,一边称赞道:"农夫山泉有点甜。"于是"农夫山泉有点甜"的广告语广为流传。

为什么农夫山泉广告定位于"有点甜",而不是像乐百氏广告那样,诉求重点为"27层净化"呢?这就是农夫山泉广告的精髓所在了。

农夫山泉对纯净水进行了深入分析,发现纯净水有很大的问题,问题就出在纯净上:它连人体需要的微量元素都没有,违反了人类与自然和谐的天性,与消费者的需求不符。农夫山泉正是抓住了纯净水产品的这个弱点,决定在这里做足文章。

这则广告播出不久,全国饮用水行业排名第三的农夫山泉召开新闻发布会,宣称经科学实验证明,纯净水对人的健康无益,为对消费者健康负责,农夫山泉决定不再生产纯净水,转而全力投向天然水的生产。

在纯净水统治水市场的情况下,农夫山泉竟敢公开这样宣布,真是冒天下之大不韪!这一消息立即被媒体炒得全国皆知。

与此同时,农夫山泉先后在中央电视台播出两则广告:一则是"水仙花生长对比实验"广告:两株水仙花,一株浇注的是纯净水,另一株浇注的是农夫山泉天然水,结果后者情况明显好于前者;另一则是形象广告,主题为"农夫山泉天然水,好水喝出健康来!"

面对农夫山泉"诋毁"纯净水的做法,纯净水厂家组成了"反农同盟",通过各种渠道向农夫山泉发动了猛烈反击。

究竟是纯净水无益健康,还是农夫山泉意欲搅浑纯净水?一时间争议四起,一场轰轰烈烈的"水战"拉开了大幕。

第六章 反者道之动

面对纯净水厂商的反击,农夫山泉不慌不忙,一一应招。纯净水对人的健康没有好处,农夫山泉说这是"科学实验"表明的,以"科学"为武器,反击纯净水厂家的"声讨"。

农夫山泉提及的"科学实验"是由浙江大学生物医学工程学院、浙江省心脑血管系统中药筛选与评价重点实验室的博士后白海波主持的"水与生命"课题组所做的一项实验,并公布了实验结论性报告——《农夫山泉天然水水质研究阶段性成果》:天然水及其含有的钾、钠、钙、镁离子对维持生命极为重要,而纯净水与之相比有极为显著的差距。

农夫山泉通过"反者道之动"的启示,充分运用反定位和差异化精髓,取得了巨大成功。

当然,国外也有经典的"反定位"案例。如国外常用的"新一代的选择"即是"反者道之动"的经典反定位,很符合现代潮流。因为,据有关研究,现在家庭在作出购物决策时,小孩(尤其是独生子女)的发言权更大,三口之家中小孩的表决权接近50%。所以当今,在形式上,我国弱小企业可以模仿"新一代的选择"进行定位,当然据我们的研究,"形"上的模仿不是重点,"质"上(如其思维底层)的模仿才是关键。

2."反者道之动"于弱势营销

近年来,针对我国中小企业和国外相比处于弱势位置的情况,国内营销界开展了弱势中小企业的营销研究。我们把这样的理论,概括为"弱势营销"理论。以前,关于弱势营销理论,用得比较多的是"标杆理论",后来谈得多的是"差异化"。而经过我们的研究,弱势营销还有一个更重要的指导思想"反者道之动","在竞争对手的优势中找缺陷,再超越,效果更加"。

首先,我们来看看标杆理论。

如前所述,标杆理论的本质就是"树立榜样,学习榜样,超越榜样",用通俗的话来说,就是"走近你,模仿你,超越你"。我们认为,标杆理论更适用于强势企业,更具体来说,适用于强势企业的管理,尤其是人力资源管理,而不一定适合于"弱势企业"的营销。

之所以这样,是由于任何理论的运用都有假设前提。不管理论是由谁提出,又是由谁执行,其成功运用都有假设前提。下面,笔者节选自己的一篇博客《学大师理论的一个"前提"》[①]中的相关内容来详细阐述。

在经管领域有很多大师,如经济学领域的亚当·斯密大师,凯恩斯大师,哈耶克大师……管理学领域的西蒙大师、德鲁克大师、彼得·圣吉大师……大师们的思想深邃,理论精深,对后来若干代都有巨大影响。

所以,我们都不遗余力地学习大师。然而,学大师的时候,我们是否会产生以下类似的困惑?

美国前总统杜鲁门曾对他的经济智囊们说过:"能不能给我找一个'只有一只手'的经济学家?所有的经济学家都说:从一方面而言应该是这样,从另一方面而言则应该是那样……"在英文里,"从一方面而言"是"on the one hand,"直译为"从一只手而言";"从另一方面而言"则是"on the other hand",直译为"从另一只手而言"。杜鲁门总统的意思是希望经济学家们能给出一个直截了当的回答,而不要模棱两可。

确实,在经济学领域,很多大师的观点会针锋相对,让人无所适从。然而在管理学领域,情况怎样呢?也不会好多少!这个问题可以从很多角度来探讨,下面我主要从学习的角度谈谈如何学管理学大师的经典。我认为,学习大师理论的基础和技巧都是从大师的思维假设前提开始的。

我们知道,"德鲁克的思想是深邃的,思考是接近本质的,但是大师的思想是有前提的,其应用也是有前提的;我们基于大师思想思考的时候,基于大师思想

[①] 詹志方. 学大师理论的一个"前提". 第一营销网. http://www.cmmo.cn/home.php?mod=space&uid=477153&do=blog&id=179643.

第六章 反者道之动

应用的时候,一定也是有前提的。我们在思考的时候、在应用的时候一定要找到这个前提"。

记得德鲁克曾经说过"使命—战略—结构—结果";"管理不在于'知',而在于'行'"。这些观点是很好地接近本质的表达,但是确实有前提。如前所述,"管理的结果和结构有关系",然而,我们认为关系是这样的:"好结构不一定有好结果,然而坏结构容易产生坏结果";"好结构只是好结果的必要条件,而非充分条件,而坏结构容易成为坏结果的原因"。好结构要得到好结果,逻辑链条至少应是这样:"好结构—发育出好功能—好结果";好结构产生好结果,其中一个关键是在这个必要条件上发育出功能,才有可能有好结果。然而奇妙的是,坏结构容易带来坏结果,原因是,坏结构很容易自发滋生坏功能,因此导致坏结果。

可以打一个比喻来说明上述理论,"做一个好人很难,做一个坏人很容易。因为做好人,需要时时刻刻都是好人,而做坏人,只要稍微放纵,就可以成为坏人"。前几年,有一个说法,很有争议,那就是"细节决定成败"。细节能决定成败吗?有人说"战略决定成败"或者"领导决定成败"。其实这些说法,都隐含了一些"假设"。只是我们思维里面内化了这些假设,所以才可以认同"细节决定成败"。我们认为"细节决定失败(而非成功)"的表述更科学。企业管理只要一个细节出了问题,就失败了;而企业要成功,并不是细节做好了就能成功的。

学大师理论,看来先要了解其思维深处"假设的前提"。

其实,任何管理理论,只要找到其所对应的条件(或创造那个条件),肯定就有用,如以标杆理论指导中国企业造汽车,质量以奔驰为标杆,管理以丰田为标杆,营销以现代为标杆……然后"走近它、模仿它、学习它、超越它",从逻辑上来说是科学的。然而要使这个理论对中国企业真正有用,需要前提。如果企业资源无限,标杆理论就很好用;还有,如果时间能无限延续,标杆理论也可以用。

而从现实情况来看,弱势企业恰好不具备标杆理论运用的条件,因此,我们觉得弱势营销暂时还不能以标杆理论为指导。

其次，来看看差异化。

差异化，是生产者向市场提供有独特利益，并取得竞争优势产品的过程及结果。差异化能带来一系列好处。

(1)对供给者或生产者所带来的利益

① 能有效地回避正面碰撞和竞争；

② 削弱购买者手上的权力，因为市场缺乏可比的选择；

③ 阻碍后来的竞争者，因为在差异化策略下，得到满足的顾客会相应产生品牌忠诚度(brand loyalty)。

(2)给消费者带来的利益

竞争给消费者带来的利益非常明显，不断地竞争促使产品质量更好，价格更低。差异化给消费者所带来的利益则更为明显，因为消费者的需求能得到更贴切的满足。

差异化是战略大师波特所提的三大竞争战略的一种，也可看做西方营销"市场细分"、"定位"在运用时的实质体现，从这点上来看"差异化也是西方营销的精髓"，可以说"营销在某种意义上主要是差异化"。差异化对战略理论贡献也很大，如波特老先生说，战略在某种意义上是差异化定位。

我们认为差异化能较好地指导我国的营销。事实上，差异化也被中国营销界运用于指导营销实践。在这方面，路长全老师是运用差异化理论的营销高手。路长全老师在其著作《切割营销》里面，提出了种种营销差异化的做法，也做了不少成功的差异化营销案例。

虽然，路长全老师自己不一定会认为"切割营销"就是差异化营销，但是我们认为，切割营销其本质还是差异化。这点可以从他的相关论述看出来。

切割营销就是站在竞争的角度对市场进行切割，强力划出自己的市场领地，将对手逼向一侧，让出一条通道，让自己得以占领市场。

营销不是卖更好而是卖不同，实现差异的最有效手段就是切割营销。营销

第六章 反者道之动

切割是站在竞争的角度,清晰地切割出有利于企业的人群、市场区域、新品类别、认知差异和品牌主线,在消费者心智中清晰划出消费者接受,同时又规避对手正面竞争的区域,实现难得的成长时间和空间。①

我们认为,差异化确实能指导中国中小企业营销,甚至就像路老师所做的大量成功案例一样,差异化可以成为弱势营销的重要手段。但是,我们认为差异化还要提升到"反者道之动"的层面,才能更有效地指导弱势营销。

商场竞争是残酷的。弱势企业开展一般的差异化营销,可能能迅速崛起,但是不一定能有效防止竞争对手的残酷打压。

在路长全老师切割营销(差异化营销)的指导下,江西航天科技牙膏改变了营销战略。以前,该公司以标杆理论为指导,采取了单纯的模仿战略,从牙膏名字"高力嘉"可看出,其所生产的牙膏采取了跟随"高露洁"、"佳洁士"的战略。正如前面所述,标杆也好,跟随也好,对弱势企业营销并不适应。可想而知,江西航天科技的牙膏一定不会有好出路。

其实,强势企业根本不担心弱势企业的跟随战略和标杆管理。事实上,没有充足资金等条件的支撑,弱势企业用跟随战略和标杆管理,永远也赶不上强势企业,因为在别人已有的多年积累的强项上重复,很难胜出。作为强势企业,真正担心的是弱势企业不跟随它,而走了差异化道路。

在差异化营销理念的指导下,江西航天科技认真分析了牙膏市场的强势企业,然后走了不同的路。通过分析,江西航天科技发现,牙膏市场的一些强势企业如高露洁、佳洁士、中华主打"保护牙齿健康",还有一些强势企业如冷酸灵、田七等主打"保护牙龈健康"。既然是这样,江西航天科技决定运用"反细分"的差异化,提出"牙齿牙龈双重保护"发展方向,并把"高力嘉"改为"牙依"。

客观来讲,牙依牙膏的营销战略是高水平的营销策划,就品牌名称来看,也

---

① 路长全. 切割营销[M]. 北京:机械工业出版社,2008.

展示了无穷魅力。可惜的是,差异化营销战略帮助了江西航天科技的牙膏崛起,但是没有使得它抗住竞争对手的打压。据牙依牙膏的策划者自己讲,作为牙膏老大的高露洁,大概发现了江西航天科技没有跟随它走,走了另外一条发展之路,而走的这条路,似乎也很正确,于是乎推出了"高露洁360度全效牙膏",对牙依全面打压。在竞争对手的残酷打压下,牙依牙膏生存状况再次恶化。后来笔者在课堂测试"牙齿牙龈双重保护"是什么牙膏提出的,绝大多数人回答是"高露洁"!

面对如此残酷的竞争,看来中国绝大多数弱势企业,需要进一步升级差异化营销,这个时候,有必要根据"反者道之动"的启示,来实现"终极差异化",以此达到有效竞争的局面。

最后,来看"反者道之动"。

根据"一阴一阳"、"反者道之动"的启示,弱势企业与强势企业有效竞争不是模仿其优势,也不是简单的差异化,而是在竞争对手的优势中找缺点,然后在其优势中直接超越。在竞争优势中找缺点超越,这种弱势营销战略是有效的,而且弱势企业超越强势竞争对手后,竞争对手不可以掉头来打压。如何做到,先看下面的故事剖析。

故事发生在国外的某个第三世界国家,和我国营销环境不同的是,该国可以在电视上直接打竞争性广告。在这个国家,彩电第一品牌为国际知名品牌L厂商。L厂商的优势是生产各种型号的彩电,并提供一站式购物。也就是说,只要消费者有彩电消费的需要,无论何种型号、何种颜色它都能提供。比如说,需要10寸的绿外观彩电,它也能提供;需要70英寸的黑外观彩电,它也能提供。在这样的优势下,L厂商垄断了该国彩电市场80%的份额。

该国一民族家电企业S决心挑战L企业。S和L相比,就好似蚂蚁和大象相比,根本不在一个级别,一句话概括,S是典型的弱势企业。然而S企业获得了巨大的成功。

第六章 反者道之动

S企业客观分析了L企业的优点,L企业的优点是"全方位"优势,根据"一阴一阳"、"反者道之动"的启示,"全方位"就一定好吗?于是展开调查,发现L企业的彩电当时在该国最畅销的彩电型号是25/29/33寸的黑色外观彩电,其他彩电并不畅销。基于这种情况,S认识到了L"全方位"优势战略内在的缺点,即"最畅销的25/29/33寸彩电销售成本必定过高"。一方面,是由于缺乏专业化生产导致的生产成本过高;另一方面,要提供一站式购物,渠道成本也会过高,因为渠道要备货各种型号的彩电,而畅销的彩电是25/29/33寸,其他不畅销的彩电挤占了渠道资金,而渠道资金成本更多的是由畅销型号彩电来承担。既然这样,S企业做了一个简单的战略,它只生产L企业最畅销的25/29/33寸彩电,其他彩电一概不生产。S企业把这三种彩电在质量上做得跟L企业一样,但定价要便宜。在定价的时候,经过了测试,只有定价为L企业2/3的时候,才会有部分消费者开始购买S企业的产品。同时,S企业还打出了详细的竞争性广告,把L企业生产成本、渠道成本过高的事实宣传给消费者,使他们打消消费顾虑。

在这样的竞争战略支持下,S企业逐渐崛起,而L企业无能为力。因为S企业进攻的是L企业优势中包含的缺点,如果L企业掉头来也只生产25/29/33寸的彩电,那么优势就不存在。而且,即使它想掉头改战略,它下游的渠道也不会配合,因为要它们也跟着转型,很艰难。这样,L企业只能眼睁睁地看着S企业抢占自己的市场。

可见,在竞争对手优势中找缺点超越,是一种特别适合指导弱势营销的核心思维。

在这方面,我们继续来看国内营销案例。

前面我们分析了长虹用类金融模式来展开经营,本质上把彩电当作了金融的道具来进行金融投资。这种模式利用渠道融资,优点是掌控了现金流,能把长虹迅速做大。长虹利用这种方式带动了整个市场的需求量,1996年创造了440万台彩电的销量,创下了破天荒的纪录。1997年创造了660万台的产销量。同期,TCL只销了134万台,康佳不超过200万。

到了1997年年底,有人告诉长虹董事长倪润峰,中国彩电1998年的需求量是2 100万台。长虹就做了一个1998年要销售1 050万台的计划。所以,在绵阳开记者招待会时,倪润峰说他要拿回一半的市场份额,要清理门户。当时,业内都很紧张,因为自1978年外资彩电从口岸进口以后,在20世纪90年代末期,一直占据着约12%的市场份额。如果长虹占50%的份额,那么其他大大小小的彩电企业都要去争抢剩下的38%的份额,日子将很难过。

20世纪90年代末期,长虹正是在这种类金融模式的支撑下迅速做大了。类金融模式虽有优势,然而必有缺点,而且这种优势中包含着的缺点还很显著。其缺点就是渠道过长,长虹的彩电卖给了长长的渠道,而不知道终端的真实情况。因为过长的渠道系统,很容易形成彼得·圣吉所讲的系统震荡。

彼得·圣吉曾经用啤酒消费的例子,说明了系统震荡的道理。简言之,由于偶然的原因,比如一首流行歌曲《2002年的第一场雪》,使得"白雪"啤酒销量大增,各个终端小卖部都卖到脱销。一天,一个社区的"白雪"啤酒的忠诚消费者,像往常一样到他常去的社区便利店去买啤酒,结果,被告知"没有白雪啤酒"。该消费者转身就走往其他便利店。看到这种情形,小卖部老板非常痛心,因为经验告诉他,这个顾客或许以后都不会在自己店里购买了。看来,"白雪"啤酒一定要搞安全库存,现在缺一瓶"白雪",以防万一,还是进两瓶为好。第二天他去批发商那里进货的时候,报上两瓶,可恰巧该批发商也缺货了。于是,他担心批发商下次还缺货,以后一定不会到同一处批发了。批发商想,以防万一,得搞个安全库存,于是他向上游中批商报告"缺4瓶";以此类推,中批商向大批商报告"缺8瓶"。在这个通常的4级渠道上,反映的信息就开始失真了。

"白雪"啤酒的忠诚消费者,一共走完社区东南西北四个便利店,都没有买到"白雪"啤酒,只好走出社区,才买到。假设,其他便利店渠道发生类似的信息报道,最后,大批商反映给厂家的信息是"啤酒缺32瓶"(每级渠道说缺8瓶,一共4

第六章 反者道之动

级渠道,所以总共缺32瓶)。实际上这里只缺1瓶啤酒,但是由于系统过长,发生了系统震荡,结果厂家得到了缺32瓶的信息。如果厂家开足马力生产,库存积压问题在所难免。

TCL通过聘请专家,发现了长虹渠道过长的缺点。于是,专门针对其优势中的缺点进行了攻击。这就是业界有名的"TCL以速度冲击长虹的规模"。

TCL从1998年年初开始,反其道行之,砍掉了一批商、二批商,搞店中店和专卖店,在县级市场上寻找核心网络经销商。到1998年年底建成1万个控制的售点。1万个售点只要一天卖一台,一年365天,能卖365万台。整个1998年TCL的销售收入增长了98%,销量增长了110%。根据推算,同期在长虹及其经销商手里的库存应该是400-500万台,长虹的现金流量处于严重缺血状态。

TCL就是通过"反者道之动"的启示,把长虹类金融的规模经济优势中的缺点找出来,进行了狠狠的打击,然后取得成功。

综上所述,我们认为,中国中小企业展开弱势营销,可以反复思考中国古典智慧:"一阴一阳谓之道"、"反者道之动"。面对竞争对手的优势战略,企业可以反复问,它的优势真的好吗?其优势的背后"弱点"是什么?然后,就可能产生具有强大竞争力的弱势营销。就像当时小灵通面对中国移动"全球通"品牌定位及其"信号好,才是真的好"、"沟通无处不在"的强势竞争,就可以反思"信号好,就真的好吗?信号不好,就真的不好吗?"其实,一般老百姓认为"信号好,辐射也就强",而小灵通信号不好,确实是它的一个弱点,但从另一个角度来看,老百姓有可能认为"信号不好,可能辐射小"。加上当时小灵通费用确实比中国移动便宜,如此一来就有了小灵通精彩一笔"打多了不心痛,打久了不头痛"。小灵通的竞争策略是充分体现了"反者道之动"思想的,在当时也确实起到了重要作用。

第七章
转型和替代

"一阴一阳谓之道",按照中国阴阳观,阴阳互根,可以相互转化,这种在发展中变化的思想,对中国式营销思维有本质的启示。有了这种思想,我们处理营销和商业的事情时,就会因事制宜。运用《孙子兵法》所讲的"九变",营销招法就会层出不穷,真正达到"往来无穷谓之通"的新境界。

我们主要选取"转型和替代"来阐述该道理。我们认为,转型更偏重于"一阴一阳谓之道"的角度,而替代更偏重于"反者道之动"的角度,但二者本质是相通的。替代是转型的一种,可以看作转型的一种专门形式,而转型可以看做一种广义的替代。

一 转型[①]

从广义上讲,转型包括转变、转行、转界等意思,它是近年来活跃营销思想的精髓。

---

① 下面的经济转型和社会转型引用了 MBA 智库转型内容,http://wiki.mbalib.com/wiki/%E8%BD%AC%E5%9E%8B。

第七章 转型和替代

所谓转型,是指事物的结构形态、运转模型和人们观念的根本性转变过程。不同转型主体的状态及其与客观环境的适应程度,决定了转型内容和方向的多样性。转型是主动求新求变的过程,是一个创新的过程。例如,一个企业的成功转型,就是决策层按照外部环境的变化,对企业的体制机制、运行模式和发展战略大范围地进行动态调整和创新,将旧的发展模式转变为符合当前时代要求的新模式。

"转型"作为一个基本概念,最初应用在数学、医学和语言学领域,后来才延伸到社会学和经济学领域。广义的转型包括很多类型:

1. 经济转型

布哈林在研究市场经济向计划经济的转型过程中,曾首先使用了"经济转型"的概念。经济转型(transition)或经济转轨(transformation)是指一种经济运行状态转向另一种经济运行状态。这种转变有四个关键要素:转型目标模式、转型初始条件、转型过程方式和转型终极条件。其中,转型目标模式以及所谓渐进和激进两种转型方式的比较已是人们熟悉的命题,而对转型的条件研究却有所忽略。实际上,初始条件转变为终极条件非常重要,不同的经济运行条件必然会导致不同的运行路径依赖,产生不同的结果。

在研究文献中,对经济转型的表述及研究的侧重点均有不同,中文文献往往以"改革、转型、渐进和转化"来描述。

就经济转型的概念而言,经济转型是指一个国家或地区的经济结构和经济制度在一定时期内发生的根本变化。具体地讲,经济转型是经济体制的更新,是经济增长方式的转变,是经济结构的提升,是支柱产业的替换,是国民经济体制和结构发生的一个由量变到质变的过程。

经济转型不是社会主义社会特有的现象,任何一个国家在实现现代化的过程中都会面临经济转型的问题。即使是市场经济体制完善、经济非常发达的西方国家,其经济体制和经济结构也并非尽善尽美,也存在着现存经济制度向更合理、更完善经济制度转型的过程,也存在着从某种经济结构向另一种经济结构过渡的过程。

2. 社会转型

关于社会转型的含义,代表性的观点有以下九种:

第一种观点是由陆学艺、景天魁提出。他们认为"社会转型是指中国社会从传统社会向现代社会、从农业社会向工业社会、从封闭性社会向开放性社会的社会变迁和发展"。

第二种观点是由郑杭生、李强等提出。他们认为社会转型是一个有特定含义的社会学术语,是指社会从传统型向现代型的转变,或者说由传统型社会向现代型社会转变的过程。在这个意义上,它和社会现代化是重合的,几乎是同义的。

第三种观点认为社会转型是一种特定的社会发展过程,它包括三个方面:一是指社会从传统型向现代型转变的过程,二是指传统因素与现代因素此消彼长的进化过程,三是指一种整体性的社会发展过程。

第四种观点认为社会转型可分为广义和狭义两个概念,但对其含义的理解又不完全相同。一种观点认为:广义的社会转型是指人类社会从一种社会形态向另一种社会形态转变,这是一种质的变化;狭义的社会转型是指在同一个社会形态下,社会生活的某一个或几个方面发生了较大甚至较为剧烈的变化,但是这种变化不涉及社会形态的变化,只是一种量变。

第五种观点认为社会转型是一种整体性发展,即包括经济增长在内的人民生活、科技教育、社会保障、医疗保健、社会秩序等方面在内的社会全面发展。

第六种观点认为社会转型是一种特殊的结构性变动,即意味着经济结构的转换,也意味着其他社会结构层面的转换,因此是一种全面的结构性过渡。

第七种观点认为应把社会转型提升到哲学层面来思考,即认为社会转型是代表着历史发展趋势的实践主体自觉地推进社会变革的历史创造性活动。

第七章 转型和替代

第八种观点认为从广义文化学的角度看,社会转型就是文化转型。所谓文化转型,是指社会生活的各个领域、各个层面的整体性变革。

第九种观点认为社会转型意味着经济市场化、政治民主化、文化多样化,社会由此成为一个万象的图景。

在以上九种观点中,我们认为第一种观点比较简明、确切,但还需要加以补充。因为现在社会已经开始由工业社会向信息社会过渡,因此应该把中国社会转型表述为中国社会从传统社会向现代社会、从农业社会向工业社会和信息社会、从封闭性社会向开放性社会的社会变迁和发展。

3. 企业转型①

企业转型是指企业长期经营方向、运营模式及其相应的组织方式、资源配置方式的整体性转变,是企业重塑竞争优势、提升社会价值,达到新的企业形态的过程。当前我国大多数企业的转型主要是属于企业战略转型。"转型"大师拉里·博西迪和拉姆·查兰(Larry Bossidy & Ram Charan)曾言,"现在,到了我们彻底改变企业思维的时候了,要么转型,要么破产"。企业主动预见未来,实行战略转型,确是明智之举;但从另一角度看,也是无奈之策。

的确,现在企业的经营环境不再是稳定的环境,随着全球化、网络化经济的发展,全球经济之间的联系和相互依赖性日渐增强,我们已经进入新常态经济时代,即动荡和不稳定将作为一种常态存在,而且更加不可预测,这将给企业发展带来更大的风险。2008年金融危机爆发后,整个世界的企业、产业和市场摇摇欲坠,甚至已经不复存在,动荡不可能很快结束。在这个时期,世界通过全球化和技术无情地捆在一起,风险和机会在各地迅速蔓延。② 经济领域里面的蝴蝶效应时有发生。面对如此之经营环境,企业必须转型。具体来说,驱动企业转型的因

---

① 企业转型主要引用了MBA智库"企业转型"相关内容,http://wiki.mbalib.com/wiki/%E4%BC%81%E4%B8%9A%E8%BD%AC%E5%9E%8B。

② 科特勒等. 混沌时代的管理和营销[M]. 北京:华夏出版社,2009.

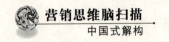

素有如下：

第一，发现扩张和赢利的新路径。

很多电子、汽车和化学行业企业的转型就是出于这个原因，在市场份额和公司规模已经达到一定程度时，公司发现其利润回报、股票价值并不令人满意。这些公司往往选择舍弃低成本产品，而转向创新性的、差异化的产品，或是专注于某些快速成长的市场。

第二，应对本土市场上的行业格局剧变。

伴随着市场的供求逆转，大量外资巨头进入市场或新业务模式的出现，企业不可避免地要加入激烈的成本竞争，同时也必须根据对客户需求的清晰划分来实现产品差异化。在零售业和中介服务行业，这种情况比较常见。

第三，并购重组。

并购重组后，整个公司的运营实现顺利磨合，是一项十分具有挑战性的工作。一旦执行不力，往往出现"机构麻痹症"，让有价值的客户和优秀的员工失去信任和耐心。这时，就必须对组织机构实行重新设计和业务流程再造。

第四，增强企业活力。

很多中小型企业会碰到这样的情况：虽然高层管理人员不断地强调全新愿景，但却总是停留在语言上，不能转化为实际的行动。如何使企业的战略深入人心、留住优秀人才，就成了这些企业转型的重要内容。

第五，为生存而战。

这种悲壮的处境并不少见，尤其在中国，很多企业都背负着高额的债务负担。如何在企业长远发展规划和眼前的赢利需要之间找到一条出路，就成了它们背水一战的紧迫任务。

从以上的情形来看，企业在面临困难或是遭遇发展瓶颈、希望摆脱现状时，需要仔细考虑的是：自己真正需要解决的问题是什么？从短期和长期来看，必须要优先处理的问题是什么？怎样的业务流程会更有效率？企业发展的机遇有哪

第七章 转型和替代

些?此外,在企业决定转向新的发展目标和模式时,不但有战略选择的风险,同时也面临与原有的业务、组织形式以及企业文化等诸多方面的冲突,因此企业转型是一项充满挑战性的工程。

企业要成功转型,要把握以下原则:

第一,高层的强力推动。

转型总是由高层发起的,尤其在企业转型的剧变过程中,无时无刻不需要有强势的高层管理介入,把清晰的转型目标作为机构的首要任务向下传达;高层执行官和转型领导团队要进行定期的决策讨论,坚定地贯彻转型意图,做到言出必行。我们把那些能够成功领导企业实现这些变化的人,称作"狂热者"(Zealots)。他们依靠自身强烈的引领企业取胜的欲望激励下属,能够突破企业现状,形成新的思想,并按照它们的重要性、影响范围或综合性的顺序,发展并实施这些创新理念。

第二,注重沟通。

转型需要各个层次的员工支持,因为转型观念深入人心,转型才可能成功。转型是对业务的重新定义,只有在员工的操作、思维和行为方式上发生了根本性的变化,转型才算完成。因此,必须在机构内提高转型计划的透明度,促进频繁的反馈和快捷的信息传达。

第三,精心策划的项目框架。

项目框架需要将管理和目标跟踪与日常管理区分开来,突出重点和方向,把基本的转型目标置于首要地位。执行者要合理地解决转型需要与日常管理需要的冲突,使资源的分配达到最佳状态,防止生产管理把资源和管理引向其他的方面,导致转型的需要无法得到满足。

第四,跨职能的整合。

通过跨职能的整合加强团队之间的联系,避免各个部门各自为政的局面。

第五,评价体系。

需要有对转型项目执行情况的清晰评估标准,并及时调整资源的分配或修正计划。

第六,详尽的方法和可行的方案。

作为一个由上而下的执行过程,转型计划需要制定详尽的业务模式、工作方案,使员工能够适应这种转变,而不至于无所适从。

第七,强大的项目工作组。

企业转型是一个复杂的过程,需要有强大的跨部门专门小组对转型工作负责,把转型动机转化为可行方案,对具体的执行情况进行跟踪、评估和分析,并进行修正。

4. 营销领域内的转型

由上可见,由于种种原因,转型成了一种常态,有社会转型、经济转型以及企业转型。我们认为,营销领域内的转型属于企业转型中的一种,当然也属于经济转型、社会转型微观具体化的一个内容。我们首先介绍一下一般意义上的"营销转型";然后秉承本书实战的理念,解构营销领域内实战转型做法,以"免费转型营销为主"。

首先一般意义上的"营销转型"

"营销转型"[①]是指加入WTO后中国本土企业营销的纵深发展,这一概念概括反映了2001年中国营销的基本进步和国际化的方向。2001年中国营销的显著特征是应变。从联想变局到科龙变革、从并购重建市场版图到追逐新生长热点(如空调)、从营销新策略到营销新领域,似乎到处弥漫了"奶酪"的味道(应变)。应该强调,对绝大多数中国本土企业,营销转型还只是一个趋势,刚刚开始。本土企业的"营销转型"主要包括以下三个方面:

---

① 八方营销学院网站."转型营销和营销转型".http://xueyuan.b2b168.com/main/market/19683.aspx.

第七章 转型和替代

(1) 营销理念转型

① 众多领域行业从无到有地引入营销(如银行和媒体);

② 已有营销的行业从推销导向开始迈向顾客价值导向(如关注顾客的真正需要)。

(2) 营销组织转型

① 营销部门在公司组织架构中的地位上升;

② 初级形态的营销部门开始再造为真正意义的市场部(如基于市场研究指引产品研发)。

(3) 营销运作和营销策略转型

① 从粗放型营销转向精细型营销(如细分市场和通路深耕);

② 从封闭自我型营销转向开放关系型营销(如厂商关系和顾客关系);

③ 从单打一的策略转向整合性的策略(如竞争策略开始多样化;整合营销传播 IMC 的实际运作)。

全球化营销的大趋势中,西方营销的理论方法有普适意义,对中国也不例外。只是因为中国的转型市场与西方成熟市场不可同日而语,我们的使命是,实现国际营销理论方法与中国市场的适应性对接。这需要既吃透西方理论方法又深入解读本土实际,实现西方营销理论方法的中国本土化创新。

其次,"免费+转型"营销。

上面我们只是从一般意义上谈了转型,即使"营销转型"也只是从一般意义上来谈的。一般意义上的理论,抽象性高,但是往往不能"落地"。为了使得中国式营销思维"转型"理论真正落地,下面我们具体分析营销领域中最火的"免费+转型"营销。我们不仅描述现象,最重要的是要解构其思维本质,并展示其动作套路。

最近几年,关于"免费"营销理论著作越来越多,而"免费+转型"的营销手法也日益丰富。

《长尾理论》作者安德森在2009年出版了其又一专著《免费》,系统研究了互联网时代的免费模式。自此以后,关于"免费"的书籍越来越多。在当当网以"免费"为关键词,搜索一下,就有如下书籍:《免费经济》、《免费:最好的商业模式》、《免费质量》、《免费文化》等等。

从中国式营销来看,"免费"的核心支撑思想是转型,毕竟免费不是商业企业的根本,商业企业要赢利,免费是一种营销形式,其目的是更好的赢利。我们认为成功的免费往往是最昂贵的,在部分方面免费了,就要在其他方面赚大头。

其实在国内,北大教授王建国对"免费"做过系统的研究,并揭露了免费营销的部分实质:免费并不是真免费,而是"第三方买单"。王教授在其2007年著的《1P理论:网状经济时代全新的商业模式》中提出了"第三方买单"的多种形式和手段。如作者在书中所言:①

"实现1P战略的核心是有效地寻找到第三方,为产品分摊成本,而这么难的事情,只需采取如下五大手段:

1. 发掘产品的潜在功能:包括产品隐性功能显性化、增加产品的新功能、卖点创新。

2. 发现产品和顾客的战略利益:包括顾客对第三方企业的战略利益、顾客对企业自身的战略利益、一部分顾客对另一部分顾客的战略利益、产品的战略利益等。

3. 利用企业生产或服务流程的范围经济性:包括采购流程的范围经济、生产流程的范围经济、渠道的范围经济、促销的范围经济、销售的范围经济等。

4. 利用企业本身在社会价值链中的地位与作用整合资源:包括横向整合、纵向整合、平台式整合等。

5. 创造边际非稀缺产品:不是靠寻找特定的第三方,而是依靠企业自己的能

---

① 王建国:1P理论:网状经济时代全新的商业模式[M]. 北京:北京大学出版社,2008.

第七章 转型和替代

力达到降低成本的目的。"

我们中国式营销认为,王教授所述的多种"第三方买单"形式,其实质都可以用"免费＋转型"二字来概括。"免费＋转型"的具体思维是什么?下面我们进行具体解构①。

以营销之道看360与QQ之争

詹志方　王辉

营销界有一句大白话,"人多的地方就有机会",用术语来说,人多的地方就存在广泛的市场,然而这个市场就是你的吗?不一定,往往在我们找到这个市场的时候,别人已经在进行商业活动了。这个时候,落实这句话,还必须加上"关键是转型"。

2010年11月,360与QQ的竞争达到了白热化,在11月3日。QQ要用户在360和QQ之间二选一。用QQ就要卸载360。当然,在这之前,360也有类似的暗示,360提醒用户,QQ有可能透露用户隐私,变相建议用户卸载QQ。二者之争由来已久。为什么这样?

原来,在信息过分拥挤,注意力成为稀缺资源,上网日益成为我们生活常态的时候,我国IT巨头们已经跳过了原始商业思维,开始了积极的商业思维。

我国原始的互联网时代和现代的互联网时代,其营销思路、战略思维、商业模式都可以用我们《中国式营销》中"天之道——道理"中"人多的地方就有机会,关键是转型"这句话来概括。只不过,原始的互联网时代,大部分IT巨头并没有自觉到这句话的含金量,他们在摸索中无意走上了这句话所指的"道路"。

由于是摸索的,所以刚开始创业的IT先锋只是"人多的地方就有机会,关键

---

① 在这里,作者继续引用了自己的一篇博文《以营销之道看360与QQ之争》。本篇博客通俗易懂,在网络上被广泛引用。http://www.cmmo.cn/home.php?mod=space&uid=477153&do=blog&id=100476。

是转型"的初级形式。他们或许悟到了前半句"人多的地方就有机会"的道理,但是很可能没有悟到后半句"关键是转型"的道理。而"营销之道"的这个道理的重心却是后半句。为了更符合当时真相,我们把以上道理换成另外一种方式来表示,"烧钱(免费)——聚人气;然后莫名其妙赚钱"。这可以解释第一代IT先锋的商业本质。无论是"门户网站"、"即时通讯",还是"网游"、"下载"其实走的路线就是"烧钱(免费)——聚人气;然后莫名其妙赚钱"。通过"烧钱(免费)——聚人气"从而实现"人多的地方就有机会"。对于"人多的地方就有机会"这前半句,IT技术界的先锋可以自发摸索出来,或许模仿老外做出来,但是我们可以大胆预言:当时的IT先锋并没有完全理解重要的后半句——"关键是转型",所以只能用"莫名其妙赚钱"来概括。从有关IT界的巨人自传来看,也确实是这样的情形。

　　Q先生当时引进了QICQ,免费给用户使用,每天都要烧钱,但是他不知道烧钱要烧到何时为止,因为每天投放几台服务器,使得Q先生不堪重负,Q先生于是想把QICQ卖给当时门户网站的"大佬",作价几十万元到一百万元不等。搞笑的是,门户网站的"大佬"们竟然看不上这只"企鹅"。没办法,也可能是情感的投入吧,Q先生坚持下来了。然后Q先生发现,当自己的用户达到一定规模(即人多)的时候,竟然莫名其妙赚钱了。因为QICQ上可以打广告,后来还增加了增值服务,如移动"企鹅",还可以卖虚拟的"企鹅币",还有"黄钻"等等。现在Q先生成功了,一个季度的收入就超过了40亿元。Q先生很庆幸当时没有卖掉"企鹅",而那些门户网站的大佬们想必也为当时没有以低价买进这只"企鹅"而懊恼不已。

　　而据中央电视台的《财富故事会》报道,网游《大唐豪侠》也有Q先生类似的经历:"烧钱(免费)——聚人气;然后莫名其妙赚钱"。《大唐豪侠》开发游戏软件,免费给玩家使用,烧钱聚人气,当自己的钱快要烧完的时候,突然赚到了自己没有想到的第一笔钱。据说《大唐豪侠》第一笔钱来源于一家糖果厂商。原来这

第七章 转型和替代

家糖果厂商看到《大唐豪侠》里面的侠客受伤"失血"时候,总是从随身的一个绿颜色袋子里面拿东西出来吃,吃了袋子里面的东西,侠客们可以"补血",甚至起死回生。当《大唐豪侠》的现象达到一定规模的时候,这家糖果厂商看到了机会,主动找过去跟《大唐豪侠》协商,能不能花钱买一个"特许",在现实生活中做一个与游戏中一模一样的袋子来装自己的糖果。这样现实生活中就有了特殊的绿色糖果包装袋,据说,采用特殊绿色包装袋后,这家糖果厂商的销售量猛地提高好几个百分点。而《大唐豪侠》第二笔收入也是人家主动找上来的,这次是一家旅游景点开发公司,其在现实生活中开发了《大唐豪侠》游戏中侠客打斗的"场景公园",据说给了《大唐豪侠》49%的股份。

以上两个例子,大体反映了IT行业里面各企业刚起步时的商业思维。

然而时代飞速发展,商业研究层出不穷,企业家也加强了学习。如果说以前IT企业家只是偶然摸索到了《中国式营销》所说的营销"天之道"中"人多的地方就有机会,关键是转型"这个道理的前半句,那么现在不少IT企业家已经自发或自觉到了后半句,并且在积极组合这两句展开运用。

现在是网络经济时代,上网成了很多人的生活常态,而注意力却越来越稀缺。据有关研究,虽然网络上的网站有无穷多个,但是消费者常去的网站就是3—5个。这就是现实。如果某消费者以前常去新浪看新闻,但是现在不一定。因为很多软件都可以弹出新闻窗口,如QQ、迅雷、暴风影音、360……那么这个消费者有可能不再专门到新浪看新闻,而是看这些网站的新闻。可想而知,传统网站遇到了很大的挑战。因为它不再是"人多"而是日益"人少"。它就算积极"转型",也很麻烦!

IT巨头们已经逐渐意识到了,在IT界,硬件是一个行业,软件的操作系统是一个行业,而应用软件也是一个行业。硬件厂商内部会竞争,软件厂商内部会竞争,应用软件领域内部更是竞争得异常激烈。除此之外,这三大行业之间还有竞争。操作系统软件巨头借助网络,提前实现"人多",所以一段时期微软成为IT

行业界巨头。然而这也并不意味着硬件厂商一定会失败,只要硬件厂商能实现比软件厂商"人多",它就能反超。如近年来苹果用硬件捆绑软件,发展很凶猛。总之硬件和操作系统软件这两个领域谁能实现"人多",谁将胜出。

而应用软件领域也是同样的道理,然而竞争更残酷!因为,一方面应用软件必须依赖前两者才能存在;另一方面,应用软件实现"人多",更需要"务实"和"落地"的招法。既要装到用户的电脑上,还要在用户工作的"前台"占领用户的"眼睛","掌控"日益稀缺的注意力资源,这才算是真正落实了"人多的地方就有机会"。

自中国电信采用"星空极速"以来,大家日益明白了占领用户桌面(前台)的重要性。因为只有占领桌面,才有可能"落实""人多"。表面上看来,用户桌面(前台)成了日益稀缺的资源,其实注意力稀缺才是其深层原因,而本质却是落实"人多的地方就有机会"。

在这种情况下,360和QQ之战迟早就会发生。因为占领桌面,无非是哪个带给用户的价值大,用户到底离不开谁。QQ要求卸载360是有风险的,而360挑战很多IT大佬也是必然的。因为360作为相对后入者,它必须"搅局"才能赢得自己"人多"。所以360杀毒率先"免费"进入市场,提供消费者价值,逐渐占领桌面。迅雷也是这样,提供免费下载,提供价值,而占领桌面。当所有的企业都意识到这点的时候,这个战争就不可避免了,只是现在公开化了。毕竟一个人一般只用一台电脑,只有一个桌面。

短时间内,战争的胜负还不直接与带给消费者的最终价值线性相关,还和各自的用户、各自的公关等相关。QQ的优势有明显的一面,QQ给用户的价值,是"人与人"的联系、空间拓展习惯以及其他创新等等。而360是围绕安全出发,逐渐深入用户,有浏览器、安全卫士,如果它要借此推出聊天、微博等等都是很简单的事情。

在中国IT界,"免费"会逐渐运用到极致,然后会走向新的商业形式,如向

第七章 转型和替代

GROUPON等看齐。免费对消费者是好事,但希望打架不要影响到消费者的最终利益。我相信懂商业的人不会看各方的一面之词,而看其商业实质。

二 替代

替代也是商业变通的一种方法,运用得好,它会比广泛的转型更聚焦,解决营销问题更能有的放矢,因此效果更显著。运用"替代"的思想来解决问题,我们称之为"替代法"。替代法的实质是把一些无法完成的难题从另一个角度来思考、来面对,最终解决难题的过程。

诸葛亮的草船借箭,堪称替代法的范例。

三国时期,曹操率大军想要征服东吴。孙权、刘备便打算联手伐魏。孙权手下有位大将叫周瑜,智勇双全,可是心胸狭窄,很妒忌诸葛亮的才干。因水中交战需要箭,周瑜要诸葛亮在十天内负责赶造十万支箭,哪知诸葛亮只要三天,还愿立下军令状,完不成任务甘受处罚。周瑜想,三天不可能造出十万支箭,正好利用这个机会来除掉诸葛亮。为此周瑜还特意命令军匠们不要把造箭的材料准备齐全。

"三天造十万支箭",即使军匠配合诸葛亮工作,以当时的生产力水平,显然是一个不可能完成的任务。面对如此难题,诸葛亮对"造箭"的"造"广义引申,用"借箭"替代了"造箭",通过草船,在大雾晚上佯攻曹操,诱使曹军放箭,从而如此"造"得十万支箭。

替代法在营销中的运用非常广泛。

我们前面说过定位。目前对中国具有巨大效用的定位就是"定位定第一"、"在消费者脑海中塑造第一的差异化形象"。而落实"定位定第一"的简单招法是直接通过广告向消费者诉说第一。可是,中国广告法禁止打"竞争性广告",可以说"明确禁止在电视广告媒体上直接说第一"。面对如此难题,怎么办?有效的招法依然是"替代法"。

中国语言词汇丰富,有很多词能表达"第一"的意思。如"金"、"当家"、"龙头"、"专家"等等词汇,都含有"第一"的意思,因此都可以替代"第一"。在这方面,中国营销界"辉煌水暖水龙头"、"长寿花玉米油"等营销策划把"替代法"的精髓演绎出来了。

辉煌水暖,成立于1988年2月,产地福建。成立之初主要生产水龙头,商标注册为"春赞",寓意"春水长流,赞誉四海"。经过二十来年的专注发展,产品质量在中国处于领先地位。但是,辉煌水暖和其他众多中国企业一样面临着越来越激烈的市场竞争,除了国内同行之间竞争,还面临跨国企业的全面打压。有数字显示,中国水龙头市场规模约300亿元,但通过调查发现,现实并不像表面数据这样乐观,300亿元的卫浴行业竟然没有一个本土品牌销售超过5个亿!高端市场几乎全被进口品牌占据,甚至于建设部网站都有公示:是否使用进口品牌卫浴产品已经成为酒店宾馆评定星级的标准!在科勒、美标、TOTO疯狂的广告攻势和品牌号召力之下,三千家本土企业只能拼命抢夺利润率只有10%的低端市场。

面对如此情景,辉煌水暖决定利用营销突围。营销专家经过分析后,发现本土品牌没有一个企业采用"第一定位",这给了辉煌水暖以巨大的机会。辉煌案例的一个关键突破口,是采取了"第一定位",在电视媒体上巧妙地说了"第一"。

说"第一"的构思具体如下:"辉煌水暖,中国卫浴水龙头",这一句话就事说事,广告法不会禁止的。而"龙头"有"第一"的意思,运用替代法,去掉"水"字,变成了"辉煌水暖,中国卫浴龙头品牌",表面上还是就事说事,广告法依然不会禁止。但是加上"20年专注高品质龙头生产,100道精密工序打造,100万次开关试验,全球5 000万家庭的选择"语句的证明,辉煌水暖突破了"广告法禁止说第一"的限制,达到了"定位定第一"的效果。短短几年之后,辉煌水暖水龙头真的成为了本土水龙头第一品牌,支撑了现在辉煌水暖集团全球卫浴领先者的战略。

第七章 转型和替代

长寿花玉米油的营销案例同样用"替代法"完成了"在广告中巧妙说第一"的任务,落地了"定位定第一"的营销战略。"长寿花金胚玉米油,健康当家油"的广告中,可以清晰地看到"金"、"当家"替代"第一"的实质。

替代法在旅游策划中运用得更多。旅游策划中,有一个专门的策划法叫"背景替代法"。背景替代,从学术角度来说,运用了心理学的框架理论。①

框架的概念源自贝特森(Bateson,1955),由高夫曼(Goffman,1974)将这个概念引入文化社会学。后来再被引入到大众传播研究中,成为了定性研究中的一个重要观点。高夫曼认为对一个人来说,真实的东西就是他或她对情景的定义。这种定义可分为条和框架。条是指活动的顺序,框架是指用来界定条的组织类型。他同时认为框架是人们将社会实际转换为主观思想的重要凭据,也就是人们或组织对事件的主观解释与思考结构。关于框架如何而来,高夫曼认为一方面源自过去的经验,另一方面经常受到社会文化意识的影响。

加姆桑(Gammson)在高夫曼的基础上进一步认为框架定义可分为两类,一类指界限,也就包含了取舍的意思,代表了取材的范围;另一类是架构——人们以此来解释外在世界。这里可以把框架概念理解为一个名词和动词的复合体。作为动词,是界限外部事实,并心理再造真实的框架过程;作为名词,就是形成了的框架(臧国仁,1999)。对于作为动词的框架,学者们对于它的具体机制做了许多的研究,并且有不同的说法,如基特林(Gitlin,1980)认为是选择、强调和排除,恩特曼(Eentman)指出是选择与凸选,而台湾地区的钟蔚文与臧国仁认为是选择与重组等。中国学者潘忠党认为,框架的分析,"是一个关于人们如何建构社会现实的研究领域"。对于新闻媒体的框架研究,学者们基本上沿用了高夫曼的思想。坦克德(Tankard,1991)认为框架是新闻的中心思想。恩特曼认为框架包含了选择和凸显两个作用,框架一件事,就是把认为需要的部分挑选出来,在报道

---

① 详见:百度百科.框架理论.http://baike.baidu.com/view/1883721.html? fromTaglist.

中特别处理,以体现意义解释、归因推论、道德评估及处理方式的建议。在对新闻框架的形成因素的研究中,伍(Woo,1994)等认为,框架是新闻工作人员、消息来源、受众、社会情境之间互动的结果。

框架分析自20世纪80年代以来逐渐受到国内外传播学者的重视并且得到越来越广泛的应用。黄旦教授在《传者图像:新闻专业主义的建构与消解》一书中指出,从框架分析角度,新闻生产本身就是一种社会性生产。在这样的一种生产过程中,新闻首要的是一种社会制度。首先,新闻是对新闻消费者制作的能够得到信息的一种制作化方法。消费者购买报纸是为了他(她)要阅读喜剧或桥牌专栏,了解天气预报,寻找正在放映的电影,或阅读关于水灾、社会动乱的报道。其次,新闻是合法机构的同盟。国务院可以在新闻媒介中发表自己的观点,普通的男男女女就不能这样使用媒介,一般市民也不能拥有像合法政治家和机构所拥有的那种权力,把自己对新闻的反应变成公共政策和计划。最后,新闻是在组织机构中工作的专业从业者所发现、搜集并传送的。可见新闻也可用框架理论分析。

框架理论的理论假设

框架理论的理论假设来自两方面的研究——宏观层面的社会学和微观层面的认知心理学的研究。

社会学家戈夫曼认为,人们在社会生活中使用特定的诠释框架来理解日常生活。通过对于社会角色、社会情境的诠释,使人们能够了解特定行动场景中自己应有的交往行为和表现,从而协调与他人的行为,使日程生活井然有序。框架就是指在某个特定时间用来理解社会境遇的一套特定期望。这是所谓的象征互动视角。

心理层面的研究认为框架是个体处理信息和建构信息的方法。人们倾向于按照自己的认知框架去体验现实,并根据这种框架采取行动,从而建构现实。这就是预期理论。

第七章 转型和替代

框架理论并不是一个发育完全的理论范式,可以说,它从属于话语分析的范畴。新闻媒介框架是在戈夫曼的象征互动视角和心理学层面的预期理论视角的基础上得来的。新闻媒介框架由瑟尔斯提出,他认为新闻媒介倾向于以各种不同的方法构造议题。

框架定义

框架可以界定为采取一种集中的组织思路,以选择、强调、排除、增加和精心处理等方式,通过标题、导语、引文和重要段落的体现,对新闻内容做出报道的做法。如对恐怖主义的报道。

框架理论的运用

新闻框架影响了受众的想法以及受众处理和储存信息的方式,将受众的注意力引到事实的某些方面,从而使其忽略其他方面。长期狭隘的程式化的报道难免会产生刻板印象,框限了受众的主观认知世界的活动,忽略了框架外的世界。

但受众也是根据自己的认知结构对事件进行主观解释,并建构社会现实的。因此,在社会现实的建构中,存在着新闻工作者的框架和受众个体的框架,两者之间不一定存在高度的相关性。

以上是对框架理论的一个大体的学术性介绍,或许非专业读者会觉得有点深奥,其实框架理论所描述的现象却是常见的。框架理论在现实生活中也很有解释性。其核心思想是人对事物的看法以及由此产生的行为会受背景框架的影响。在营销界有一个有名的"框架研究"提到了这样一个故事:人们在排队的时候,决定是否继续排下去会受框架背景的影响。一般而言,我们会认为,排队是否排下去,会看自己前面排有多少人。然而,现实情况不只如此,排队是否排下去,还会考虑自己后面排了多少人。也就是说,后面排队人多,也会促使排队人继续决定排下去。

背景替代法的实质反映了科学的框架理论在商业中的运用。在商业活动中,更换背景有时会取得意想不到的效果。一般来说,寻找适合的、可依赖的、有利的外界环境,能使商务行为效果更加显著。企业、人、产品等的价值往往与其背景有关,背景若发生变化,则依托在背景上的所有组成要素都会发生价值变化。在企业战略中,确定企业的社会地位是极其重要的,是以行业为背景还是以地区为背景,是以规模为背景还是以质量为背景,其定位的结果会大不一样,"做最大的产业企业"与"不求最大,但求最佳"完全是两种定位;人也存在着做"鸡头"还是做"凤尾"的选择;产品的销售背景更加复杂,消毒肥皂是作为清洁用品,还是作为保健用品,还是作为化妆品,其价值一定会大有出入,因为不同种类产品所依赖的背景柜台不一样。

如果通过上面的论述你还没有彻底明白商业中的背景替代法,那么我们还是用最通俗的语言来阐述营销领域内的背景转移法。我们深知"科学语言不营销"。因为科学严谨、抽象,对普通大众来说,有距离感。

笔者用一个故事来说明背景替代法的效果。一个人,背着手站在一个房子前面,背景是"黑板、讲台、多媒体",大体上,大家会认为这个人是老师。如果把"黑板、讲台、多媒体"的背景换成"一排拿枪的警察",绝大部分人会认为这个人是个犯人。可见同样一个人,背景不一样,给人的感觉就不一样。以此类推,同样是产品,放在地摊销售和放在专柜销售,给人的价值感完全不一样。于是,旅游景点开发,都会有意无意运用背景替代法。一块普通的石头,给它加上美妙的故事,就成了天涯海角、望夫崖……一座坟墓,如果发现是某个朝代某个妃子的灵寝,旅游者就趋之若鹜,甚至还不停地和坟墓合影,如西湖边上的坟墓、明十三陵的坟墓;然而如果挖掘不出这样的背景,不但形成不了旅游价值,还会令经过的人群避而远之。这就是背景替代法在旅游营销中的奇迹。

下面我们具体解构旅游营销策划中应用背景替代法的例子——邹城旅游营销背景替代法。

背景替代法在孟子老家邹城的营销策划中,散发着智慧的光辉。邹城为古

第七章 转型和替代

代著名思想家孟子诞生地,素称"孔孟桑梓之邦,文化发祥之地"。孟府、孟庙、孟林(简称三孟)为其著名旅游景点,所谓"云护宫墙春杳杳,露涵松桧晓苍苍",三孟今日依旧展示着往昔的风采。

然而有如此旅游资源的邹城,其旅游营销并没有达到理想目标。原来邹城离孔子老家曲阜仅二十多公里,而孔子作为儒家文化的圣雄,影响力自然比孟子还要大。以往邹城主打儒家文化牌,对邹城旅游营销的初级阶段是有作用的。但是对邹城旅游营销的进一步提升并不十分有利。很多游客游览的主体是曲阜,而邹城只是副产品,顺便游玩一下而已。针对如此局面,如何破局?可以用背景替代法。

营销界建议,邹城应用"孟母三迁"背景来替代儒家文化背景,主打"孝道文化"和"教育市场"。"百善孝为先",从这个角度来看,邹城的背景就不再输给曲阜的背景。加上中国人素来有"望子成龙、望女成凤"的教育观,营销界更是提出了"请高考状元的母亲到'孟母三迁'的邹城讲如何教育子女的营销策划方案"。

显然,替代法(具体是背景替代法)在邹城旅游营销中起到了关键的突破作用。当然,替代法不仅能运用在旅游营销中。下面我们继续解构这方面的绝妙案例。

我们来看如何用替代法来解决"有通用名之嫌的名称申请注册成商标"的思路。

我国《商标法》第十一条规定下列标志不得作为商标注册:本商品的通用名称、图形、型号等。这样规定的目的是禁止将通用名称独占使用。什么是通用名称?我国法律对此并没有明确规定,一般是指在某一范围内约定俗成的、被普遍使用的某一种类商标的名称。本质上来讲,如果名称涵盖了企业从事所在行业的特征,这样的名称就有通用名之嫌疑。如经营牛肉产品,给产品起名为"××牛",该产品就有通用名之嫌。

如果熟悉法律,我想大部分企业应尽量不使用有通用名之嫌的名称来给自

147

己的产品命名。但现实情况是,我国有很大一批企业,当初不熟悉《商标法》,不小心用了一个有通用名之嫌的名称来标识自己的产品,也没去注册商标,等到企业做大的时候,才发现了注册的难题。如××知名涮羊肉企业,成立于20世纪90年代后期,在传统涮羊肉的基础上进行了大胆革新,开创"不蘸小料涮羊肉"食法,去掉配料繁琐的小料,走向了麦当劳标准化流程经营模式,获得了巨大成功。短短十多年的历史中,该企业发展成为了年销售额几十亿元的企业,其连锁店甚至开到了北美洲。可是,遗憾的是,其当初的产品名字"××羊",有"通用名之嫌",在注册时遇到了麻烦。

在该企业发展的同时,新式涮羊肉行业也在膨胀,竞争企业越来越多,有些竞争者发现,"××羊"没有注册成商标,于是,纷纷仿冒之。这促使该企业下定决心把"××羊"注册成商标。

该企业的任务可以概括为"将通用名注册成商标",在现行《商标法》体系下,这显然成了不可能完成的任务。

针对这个难题,营销界给出了自己的解法。解法分为两大步骤:第一步,建议该企业申请认定驰名商标。我国驰名商标的申请可以是使用在先的商标,也可以是注册在先的商标。显然"××羊"属于使用在先的企业,它符合驰名商标申请的必要条件。而该企业确实声名显赫,就开店规模,在中国快餐业市场上位居第二,仅次于肯德基,排在世界快餐巨头麦当劳前面。可见它是名副其实的驰名商标,所以该企业申请认定驰名商标不成任何问题。第二步,建议该企业请学术界的法学专家、管理部门来研究"中国驰名商标能否注册成商标"的课题。"驰名商标能否注册成商标",这是一个新课题,也是一个具有现实意义的问题。因为,中国确实有很多企业已经成名,而由于种种原因,它们没有注册成商标,这对我国本土品牌的保护不利。我们想,如果该课题研究成功,驰名商标能注册成商标,该企业有通用名之嫌的名称注册成商标的问题就解决了。

很显然,上述两步骤中最关键的是第二步,第二步运用了"替代法",把原来

第七章 转型和替代

的难题"通用名注册成商标"替代为了"驰名商标注册成商标"。问题经过替代,得到改变,不可能完成的任务至少有了转机。因为现在问题不是有"通用名之嫌的名称注册成商标",而是"驰名商标注册成商标"!

我们认为以上替代法,还主要停留在战术层次。如果你觉得很有启发可以继续学习战略层次的替代思维。其实,替代,不仅仅对战术性的营销问题有本质启发,它还能解构顶级企业家的战略精髓。在本书第四章,"一阴一阳谓之道,看问题看本质",我们曾经论述了"洱海"找到"行业本质"的方法。到那里为止,真正营销实战的工作并没有完全结束,还有后面的关键部分——落实。如前所述,假设某家电企业在二十多年前,找到了"服务"的这一个行业本质。这还只是完成了真正营销实战工作的第一步。第二步是如何落实"提供好服务"的营销战略,它也是非常关键的实战步骤。

我们认为,第一步"该企业把服务当作关键因素"是合理的,因为:

二十多年前,我国处于改革开放的初期,多数企业服务意识并不完善,而提供纯服务的企业(那时应该叫事业单位),如邮电部门、银行等,服务理念更是没有完全到位。加上产品的短缺,消费者的天然弱势地位,很多消费者得不到很好的服务。我们从装电话的情形中就可以看到这点。那时不像现在,20多元钱就能装一个电话,它除了需要花费昂贵的初装费,还有漫长的排队等待。等待时间从一周到几个月时间不等,即使某人在电信部门有关系,等待时间可以缩短,但还是常常要等到半个月。例如某个人交了6 000块钱的电话初装费,这个人就开始千等万等,并找各种关系,15天后,装电话的师傅终于来了,这个时候,这个人一般会把师傅敬若上宾,拿最好的烟、最好的茶款待师傅。这种现象一方面说明中国人的热情;另一方面也展示了当时消费者的消费顾虑,"他们生怕招待不好,师傅生气,把电话装不好,比如把线接反"。

因此我们认为,在这样的背景下,"洱海"把"服务"当作关键成功因素,开展"提供好服务"的营销战略,无疑是正确的。然而有了正确方向,并不意味这样的

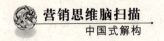

营销战略就自动成功了,更关键的是如何落实,只有能够落实的战略才是具有真正执行力的战略,才是有效果的战略,否则战略飘在空中,就只能是人人知道的大道理了。

洱海要落实服务战略,就必须思考落实战略的逻辑。这也是我们即将解构的"替代对中国战略的具体启发性"。

一般认为,洱海要落实服务战略,思路应该是这样的:落实服务战略,就要提供好服务,而提供好服务,就需要好的服务人才,因此要用好的人才来提供好的服务。思路图见图7.1:

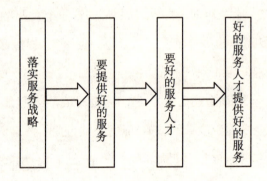

图7.1 落实服务战略的一般思路

我们认为"提供好的服务—需要好的服务人才—用好的人才来提供好的服务",这是一条落实"提供好服务"的逻辑思路。但是它没有战略高度,不符合我们"三层两向一中"的营销思维之三层:"善战者,求之于势,不责于人"。求优秀人才,是一种战略,但是这种战略是极有风险性的,它不具有扩展性,因为好人才总是稀缺的。好人才也是有性格和脾气的。如果一个企业把战略依赖于关键少数人,一旦关键少数人离职,企业就可能完蛋。

我们想也许一般人不会有太多怀疑"上面用好的人才提供好的服务"的思路。然而,我们也认为,这不能解构"洱海"老总的深邃的战略思维。

资料表明,"洱海"老总熟识《孙子兵法》,因为他常言"做战略学孙子",我们想他一定明白"善战者,求之于势,不责于人"的道理。他也应该深知求一流人才

第七章 转型和替代

来落实战略的风险。热爱《孙子兵法》的他,完全有可能读懂《三国演义》的。三国里面,依靠一流人才治理的"蜀国公司"早就展示了这种一流人才战略的风险性。"蜀国公司"随着超级能人诸葛亮的逝世,不再兴旺,灭亡也就是迟早的事情。

而且,按照洱海的所作所为来看,洱海确实不是依靠"一流人才"来执行其战略的。因为按照中国人力资源市场的标准,人才是在人才市场上出入的。来人才市场上应聘工作的,多半是大学毕业的。而"洱海"显然没有用"大学生"来提供服务,而是用了"民工"。

虽然"民工提供服务"成了洱海服务营销战略的事实,也是洱海服务战略成功的事实,但我们最感兴趣的是洱海老总怎么会想到"用民工提供服务"的。

这个可用"反者道之动,关键是替代"来解构。要"提供好的服务",可以反向思考"假如服务一般,消费者还认为好"这个问题,或者可以直接运用替代法,"什么可以替代一般意义上的好人才提供的好服务"。一般意义理解的好人才提供的好服务,是有知识、有水平、有技术的好服务。那么,假设没有好人才、没有高知识、没有好技术,能否提供好服务呢?如果这样思考下去,自然而然会想到用"好态度"来替代"好技术"的服务。

而农民工具有天然朴实的特点,而由他们提供好态度的服务是比较容易的。于是就有了洱海的民工提供服务的营销战略。

为了在消费者心目中彰显民工提供的服务有多好,"洱海"的一些服务政策是很有意思的。给客户装洗衣机时,服务人员要铺地毯、戴头套和脚套进门;客户拿出的烟不抽、沏的茶不喝;在安装过程中,有时甚至会问一个问题"大姐/大哥,洗衣服先放水,还是先放衣服、洗衣粉",绝大多数客户会被这一问题难倒。这个问题可以说是一个专业问题,当然确实也是一个不必注意的问题,大部分客户平时不会思考的。从日常生活来看,先放水,还是先放衣服或者洗衣粉,都无关大雅,爱怎么放就怎么放。然而洱海对这样的细节问题进行研究后,给出了洗衣服先放什么的标准答案。当然,我们认为这个标准说法,或多或少会提升消费者对洱海服务质量的感知。一些消费者听到洱海服务人员给出答案后,深有感慨:洗衣服这么多年,竟洗错了!原来要先放什么,再放什么,最后放什么!最有意思的是,当服务人员装好洗衣机离开时,一定会清理包装箱,然后打扫卫生。在打扫卫生的时候,会拿出抹布在地板上抹上几遍。哪怕地板很干净,他也会抹,因为这是公司规定。事实上,铺了地毯、带了头套和脚套,地板应该很干净,那么为什么还要设置抹布抹地的程序,这不是多余的吗?我们认为,这个程序除了能打扫卫生外,还能彰显服务态度,更要紧的是,这样的程序,普通的人都可以完成。

洱海"用普通的民工,就打赢了服务营销战争"。在这种战略的支撑下,洱海获得了超常规发展,成为中国一流的企业。

由上可见,洱海老总,当之无愧为一流的企业战略家。因为伟大的战略,不在于你用特种兵来打赢战争,而在于你用最普通的士兵就能取得胜利。

我们承认,虽然洱海老总不一定真实按照"反者道之动,关键是替代"来找到他的独特服务营销战略。然而解构主义的精髓,是通过大量的事实做依据,从新的视角来看历史,摸索其合理规律。我们认为即使洱海老总不是这样做战略的,有志于成就一番事业的企业家,也可以汲取"替代"的精髓,用这种方式来思考自己的营销战略以及战术。

第八章
营销态度观

前面论述的绝大部分内容,是营销三度里面的"高度、角度",接下来,我们论述营销"态度"。

态度是人们在自身道德观和价值观基础上对事物的评价和行为倾向。态度包括对外界事物的内在感受(道德观和价值观)、情感(即"喜欢—厌恶"、"爱—恨"等)和意向(谋虑、企图等)三方面要素。激发态度中的任何一个表现要素,都会引发另外两个要素的相应反应,这也就是感受、情感和意向这三个要素的协调一致性。

在这里,我们主要讲解营销人对营销的态度。它包括营销的价值观、对待营销的情感以及对待营销工作的做法、意向。

■ 一 营销之道,德为先

中国古代贤人以"修身、齐家、治国、平天下"作为人生理想及其实现的步骤,而修身立德就是其中的一个理想,也是实现其他理想的起点。我们常说的"德为立身之本"、"一德、二命、三风水",也体现了"德"的重要性。

营销道德是指调整企业与所有利益相关者之间的关系的行为规范的总和，是客观经济规律及法制以外制约企业行为的另一要素。营销道德主要有以下内容：①

1. 产品策略中的道德问题

为消费者提供货真价实的优质产品是企业最基本的社会责任，如果违反这一原则便会产生以下营销道德问题：

1. 产品没有达到应有的质量标准，产品实际提供的利益较少。

2. 企业出于自身利益的考虑，未向消费者披露与产品相关的价值、功能、用途或安全性。

3. 产品包装不能提供真实信息，包装所注明的内容与包装内物品不相符以及包装过多造成社会资源的浪费。

4. 由于竞争，企业采用劣质材料或配件冒充优质材料或配件，或是改用廉价代用品而未告知消费者产品质量的变化等。

2. 定价策略中的道德问题

要求企业必须依据产品成本、消费者的承受能力和竞争对手的状况来制定价格，并把真实的价格提供给消费者，否则，会产生以下道德问题：

1. 某些企业为追求利润而变相涨价或漫天要价，掠夺消费者利益。

2. 差异价格不一定都是违法的，但如果企业是为了削弱或伤害竞争对手而实行差异性的歧视价格，就是营销不道德行为的表现。

3. 有些企业为了掠夺消费者及打击竞争对手而实行垄断价格，有些垄断性行为对产品实行超额加成，构成道德问题。

4. 有些企业利用消费者对价格信息的缺乏而不披露真实价格，目的是欺骗

---

① 营销道德. MBA 智库. http://wiki.mbalib.com/wiki/%E8%90%A5%E9%94%80%E9%81%93%E5%BE%B7

第八章　营销态度观

及诱惑消费者购买其产品。

3. 渠道策略中的道德问题

来源于企业与中间商的关系，在这方面，可能产生的道德问题如下：

1. 合约中规定中间商只能销售某企业的产品，实际上中间商出于自身利益的考虑，只要是畅销产品就都去经营，由此产生道德问题。

2. 按合约规定，中间商在货到后要及时付款给生产者，并及时反馈其库存需求，若中间商未及时付款，影响生产者正常的资金运营，便引发道德问题。

3. 若某些零售商避开合法的生产者和批发商，另外从非法渠道进货，损害了生产者、批发商和顾客的利益，也是不道德行为的表现。

4. 如生产者凭借其自身的产品优势或经营性垄断地位，采用减少或停止供货的手段来迫使中间商屈服于自己的指挥，对中间商的销售活动施加种种干预，便产生道德问题。

4. 促销策略中的道德问题

促销活动的社会责任是将产品或服务的真实信息传递给用户。在这方面，可能产生的道德问题如下：

1. 为搞垮竞争对手，制作和播发针对竞争者的攻击性广告，并通过这种方式诋毁同行业竞争对手来提高本企业和产品的地位。

2. 为诱惑消费者购买自己的产品而制作过度夸大产品功能效用的广告或隐瞒产品缺陷的广告。

3. 文字广告宣传中使用含糊其辞、模棱两可的词句，引发消费者对广告真实含义的误解，使消费者做出错误的购买决策。

人员推销中的不道德行为有：

1. 推销员使用诱惑方式促使消费者购买那些他们既不需要也不想购买的产品。

2. 推销员通过操纵或强迫手段向顾客推销伪劣产品或积压滞销产品。

3. 推销员通过向对方送礼,甚至行贿的手段来获取销售订单,或者为获得个人回扣而向其他企业购买假冒伪劣产品。

5. **市场营销调研中的不道德行为**

市场营销调研往往涉及三个方面的关系,即调研人员同委托者、调研人员同受访者、委托者同调研人员三个方面的关系。三个方面形成的委托代理关系容易产生经济学所讲的"逆向选择"、"道德风险"等不道德行为。

我们认为营销道德是市场营销的出发点,是营销的基本,当然也是企业长寿的基因。

"营销之道,德为先"。当前,我们认为中国企业如果能充分展开道德营销,就会少一些三聚氰胺奶粉、地沟油事件。而且,我们认为,道德的力量是强大的,道德营销不会拖累企业,只会从长远帮助企业。

虽然关于道德的定义颇多,但是当我们放在中国文化角度来理解营销指导,就相对比较清晰。

营销道德,指的是做企业不可逾越的底线,其起点则是人心。人心自有公道。

商业是一个天生与利益脱不了干系的人类活动。司马迁说:"天下熙熙,皆为利来;天下攘攘,皆为利往。"但是,这并不意味着商场上只飘扬着"利"字当头的旗帜,只存在利益为大的话语,没有情义可言,没有正义可言,没有伦常可言。

逐利之于商业无可厚非,但是必须有规制和底线。这规制和底线,许多人认为是"在法律面前人人平等"。这是典型的西方观念。我们的传统文化认为,除法律外,为人处世还有更高的境界追求,那就是不能违背人心道义。孔子说:"君子喻于义,小人喻于利。"对营销人员来说,只知索利而不求道义,难容于天地之间,必然会遭受人们的唾弃。

但是,许多营销人员简单地认为,人的本性是自私自利,而商场就是战场,只要不僭越法律的界限就行。他们感兴趣的是营销的"用"的技巧层面,而忽略了

第八章 营销态度观

其包括依法行事在内的"体"的原则层面。他们过分注重从美国学来的4P理论,但忘记了中国文化里"天时不如地利,地利不如人和"中"人和"的本质是"德"。

就中国文化的深层次而言,"德"才是我们安身立命的根本所在。

文化给我们以是非观念和行为准则。因此,我们要做的就是不断追问和探求什么是"德为先"。如果不把握这个"常"而"妄作",就要"凶",即"出问题"。

有了道德,我们不仅仅避免了"凶",也不仅仅能"逢凶化吉",更重要的是道德能给我们巨大的力量,能使我们"大吉大利"。道德的力量虽然是无形的,但是它是强大的。先看一个小故事。

从前,一个风水先生(在这里风水当做"术")不小心在沙漠里迷路了,经过几天几夜艰难地走出沙漠,又渴又累,好不容易找到一户人家。风水先生就上前敲门,门开了,一位大嫂出来了。风水先生有气无力地说,"水……我要喝水。"大嫂把他领进屋子,拿了一把大瓢盛了水,可是在给风水先生盛水的时候,却顺手在院子里拿了一把驴草放在瓢里。看到这一情景,风水先生就皱眉头了,心想这不是把我当驴看待吗?风水先生本不想喝,然而太渴了,如果不喝,显然有生命危险,没办法,只好用气吹开驴草,边吹边喝。喝了水,风水先生想到这个水救了自己的命,心生感激。稍作休息后,风水先生对大嫂说,他懂风水,为了感谢大嫂的救命之恩,他提出帮大嫂找一个风水好的地方盖房子,并保证若在他选的地址盖房子,以后会出现大户人家。大嫂很高兴地接受了风水先生的建议,就跟着风水先生去找风水宝地。在找风水宝地的路上,风水先生突然想起了大嫂在水瓢里面放驴草的情形,心里顿时打消了帮大嫂找最好风水宝地的念头,而是在路上找了一个风水一般的地方给大嫂,就匆匆离开了。

十年后,风水先生再一次游经该地,却发现真出现了一大户人家。他上前敲门,开门者为一女妇人。双方一打量,风水先生认出了女妇人正是十年前给自己水喝的大嫂,大嫂也认出来了风水先生。大嫂很高兴,连忙邀请风水先生进屋,并说要用酒席好好感谢风水先生为她指的这块风水宝地,因为她按照这个地点盖房子后，自己家真的成了大户人家。

在酒席上，风水先生酒后自吐真言了，说当初自己并没有给大嫂选好的风水宝地，怎么会出现大户人家呢？大嫂就责怪风水先生当初为什么这样，风水先生反问大嫂当初为什么把他当驴看，放驴草在水里。大嫂答，当初发现风水先生太渴太累，肺里面充满了废气，如果不排完废气，急着喝水，这样会喝坏肺，所以她放驴草是迫使风水先生喝水之前先排废气——边吹草边喝，这样喝水才不会影响身体。听完解释以后，风水先生感到很羞愧，心中也似乎悟到了答案。

有人也就此故事给了一个耐人寻味的评论：道高鬼神惊！风水和鬼神在崇高的道德面前，也只有战战兢兢的分量！

从中国式营销来看，营销道德关键在于处理营销利他和利己之分。众所周知，企业是要赢利的，不赢利的企业是不道德的。但是，我们不能因此推断企业的使命就是赢利，企业经营不能仅仅盯着利润来看。曾有管理学大师说，利润就像人类生命中的阳光、雨露和空气，而人类生命的意义并不是阳光、雨露和空气！

事实表明，如果一个企业仅仅盯着利润看，仅仅盯着钱看，这样的企业往往活不长、活不久。现实生活中，有些修高速公路的企业，一个劲儿盯着钱看，结果急功近利、利欲熏心，为了追求高额的回报率，偷工减料，做"豆腐渣"工程，虽然表面上利润率高达百分之几千，但是"豆腐渣"工程一出事，这样的企业就完蛋了，管理者也跟着完蛋。这样，我们就不难理解王石所讲的"暴利等于暴毙"的道理了。

企业的营销，从根本上来说，是顾客导向、社会导向的，不能仅仅盯着利润看，不能仅仅以利己为向导。

企业经营也好、企业营销也好，要能长久，归根结底，要思考利他和利己的关系。我们不能机械地理解"利他和利己"的关系，甚至认为二者是矛盾的。

用中国式思维来理解，利他和利己并不矛盾。而且一个企业要能基业长青，成为百年老店，往往要以利他为指导。

第八章 营销态度观

生活中,我们常祝福新婚夫妻"百年好合"、"天长地久"。当然,理性思考后,我们都知道这只是美好的祝愿。但是,我们可以思考"天长地久"另外一个深层次问题:"天为什么长,地为什么久"。换言之,我们由此可以思考,一个企业怎样才能做到基业长青,成为百年老店。

"天为什么长,地为什么久",人们能给出各种各样的答案,而我们的先圣老子早就给出了答案:"天地所以能长且久者,以其不自生,故能长生"。可见,天地是不为己生,是利他的,所以才能天长地久。

因此,我们认为,"营销之道,德为先",这是我们做营销的根基,企业营销要有利他之心,以此为基点,为消费者服务、为社会服务,让利润变成自然而然的结果,而不能让利润蒙蔽眼睛,犯上"营销利润近视症"。

二 在一个方向上持续积累

在一个方向上持续积累,能产生巨大的力量。如果营销有这种精神,就能产生巨大的营销力量。

在这里,顺便介绍一个经济增长的"70法则"。所谓"70法则",来源于金融领域银行存款在复利方式下的增长。1块钱存入银行,如果银行利息率为10%,那么经过7年的复利存期后,1块钱变成2块钱左右。如果银行利息率是7%,那么经过10年的复利存期后,1块钱变成2块钱左右。显然,存款增长1倍的年数,可由数字"70"除以存款利息率的分子得出。同样的道理,如果经济增长速度为10%,假定某国GDP(国内生产总值)为8万亿美元,那么7年后,该国的GDP近似为16万亿美元。因为"70/10=7"。

"70法则"不是特别精准的计算,但是能快速看清一些经济现象。如要大体上估计我国GDP将在何时超越美国GDP,可做如下近似估计。

2010年我国GDP近似6万亿美元,我国经济至少还有一段时期的快速增长,假设增长速度为7%,根据"70法则",中国GDP总量10年(70/7＝10)增长1倍。那么2020年中国GDP总值为12万亿美元,2030年为24万亿美元,2040年为48万亿美元。2010年美国GDP总值近似为14万亿美元,我们假设美国经济增长速度能维持2%,那么根据"70法则",美国经济需要35年(70/2＝35)增长1倍,也就是2045年左右,美国经济总量才达到28万亿美元。可见,我国经济总量大概在2030年至2040年之间超越美国经济总量。这和一些著名投行预测的结果是相类似的。

"70法则"可以简单揭示经济增长,更从另一个侧面反映了在一个方向上持续增长的巨大力量。7%和2%之间5个百分比的差别,在短时间内看不到作用,比如1年下来,中国GDP只多增长5%,以2010年6万亿美元计算,也只是多增长0.3万亿美元(6万×5%＝0.3万),相对于美国2010年GDP总量16万亿美元来说,根本微不足道,但是这个5%微小的差别,通过长时间的持续积累,就产生了巨大的力量。

在一个方向上持续积累确实能产生巨大力量。设想一下,拿一张A4打印纸,持续叠50次,大概有多厚。理论上给出的答案是惊人的,它比地球到月球之间的距离还长。

地球到月球的距离近似38万公里。A4打印纸,大概为0.0075厘米,但是连续叠50次,这个数字是巨大的,叠1次,A4打印纸1张变成2张厚度;叠2次,2张变成了4张厚度……叠50次,就变成了2的50次方厚度。2的50次方等于1 125 899 906 842 624。拿这个数字乘以0.0075,再除以100 000,所得结果84 442 393公里。这个结果很显然大于38万公里。

基于在一个方向上的持续积累能产生如此巨大力量,我们在《中国式营销》里,把它放在"营销之道"的高层次。相比一般的STP(市场细分—目标市场—定位)战略"营销之法"来说,它的力量更大,效果也更佳。

第八章 营销态度观

曾经有人用高深的经济学理论——纳什均衡解释了"大多数美女没有嫁给帅哥"的社会现象。我们用"在一个方向上持续积累"的中国式营销理念对这一现象进行解构。

在其他外在条件都相同的情况下,"帅哥"相对于"丑男"追"美女"更有优势,然而为什么大多数美女没有嫁给帅哥呢?我们仅用大学生最熟悉的情节来描述这一情况。

笔者为了加强公选营销课程的教学生动化,曾经采取类比来说明目标市场如何选择。按照经典营销理论,目标市场的选择主要有三个原则:一是细分市场要有利可图;二是自己要有目标市场的匹配资源;三是要考虑竞争对手的情况。在课堂上,笔者用男孩子追女孩子的事情来类比,根据想象来看,男孩子追女孩子,女孩子总得有吸引力,还有自己也要和女孩子般配,最后还得注意强大的"第三者"。这三条和目标市场选择的三条原则非常类似,很多同学一下子掌握了,这时,笔者强调这只是类比情形,还要给他们讲明白"大多数美女没有嫁给帅哥"的事实。

大一刚开学,经过几天的相处,大家都对班上谁是"班花"(美女)有了共同的认识。假设这个班上有一位"帅哥"和一位"丑男"准备开始追"班花",帅哥根据"STP"营销战略,进行"市场细分,选择目标市场",首先开始了行动。

但是一般来说,在大一的时候,班花会拒绝任何人的追求,帅哥也不例外。拒绝一两次后,帅哥就知难而退了。

丑男则完全没有拘泥于"STP"理论,开始了他的大胆追求,当然开始的时候,他被班花拒绝得更惨。不过没关系,他每天变换着花样来追求。今天是小纸条,明天是短信,后天是 QQ 留言……一年 365 天,天天有花样。

时间过得很快。转眼到了大二、大三,恰巧这个班花所在寝室的室友都有了男朋友,看到人家都成双成对,心里也有少许的羡慕。然而除了丑男在追求外,帅哥都不见身影了。

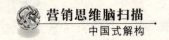

有一天，由于种种原因，班花考试成绩不好，正在寝室里暗自伤神，丑男这个时候又打电话来，"今晚有《蓝色生死恋》，听说是免费的，一起去看吧"。班花想，"今晚伤心是过，高兴也是过，还不如一起去看电影"。当然，一旦有了这次看电影，80%的情况是班花与丑男之间的关系得到了本质的改善。

就这样，丑男凭着"在一个方向上持续积累"的营销精神，完胜了拘泥于STP理论的帅哥。

房地产思想家冯仑曾经讲了这么一种情况，对"在一个方向上持续积累"的原理进行了更高层次的解释。

冯仑说，"一般从哲学来看，事物的本质由事物本身决定，由事物本身内在规律决定，但是事物的本质，有时候由时间来决定"。

举例来说，短时间内把水从杯子里面倒入口里面吞下去，本质上叫喝水，但是，如果长时间持续从杯子里倒水到口里吞下去，这个时候，性质变了，不再叫喝水。那这叫什么呢？不同的人有不同的看法，有人说这叫自杀，也有人说这叫不可能，还有人说这叫不理智。但是，我们可以把它看得优雅一点，暂且叫"喝水的艺术"，如果一个人真能连续喝上半个小时水，至少可以在很多电视台表演节目了。如果一个人把一生的时间倾注在喝水上面，这个时候，性质又变了，不再叫"喝水的艺术"，而是叫"喝水的事业"。如果用毕生精力持续把喝水当做事业来做，成为喝水高手，即使喝死在水上面，也是值得的。

可见，如果一个人舍得把自己的时光用在一件事情上雕刻，心无旁骛，是能成就大事业的。

高口渔业的发展演绎了"在一个方向上持续积累"的商业奇迹。20世纪，高口渔业诞生之前，其老板高口健二只是一个普通的渔民，北海道的支柱产业是捕鱼，于是高口健二决定做渔网的生意。他几乎白手起家，从销售员干起，并做了一个当时人们认为不理智的事情，他向当地最大的一家渔网生产企业进货，而后不加价销售给当地渔民。这样的行为，不管别人多么不理解，他心无旁骛，持续

第八章 营销态度观

不懈,几年后奇迹出现了。由于不加价销售,自然价格最低,因此销售慢慢火爆,北海道的渔民逐渐适应在他这里购买渔网。他慢慢地就占领了当地20%的渔网销售的市场份额,这一份额占该生产企业年销售额的30%,高口健二成为其最大的销售商。此时高口向企业提出要求,要企业把北海道的总代理权交给他,并给予一定比例的销售佣金。此时高口健二掌握了北海道市场将近四分之一的顾客,如果拒绝其要求,其转投竞争对手,将对企业的销售产生重大影响,而且,把总代权交给销售业绩最好的高口渔业也是理所当然的,其提出的佣金比例也不过分,于是企业答应了高口健二的请求。通过代理,高口健二先生,又持续进行了几年,高口渔业的销售额占到了该企业销售总额的50%以上,高口健二再次要求企业拿出部分股权给高口渔业,此时该企业已经无法离开高口渔业的销售网络,被迫将部分股权分给了高口渔业。这就是高口渔业的诞生记。

"在一个方向上持续积累"对营销人员还有重要启发。在中国做调查的时候,常常会遇到消费者的拒绝,但是调查员如果能态度良好,足够真诚,持续坚持几次,一般消费者还是会接受调查。不为别的,就为这种执著的精神所打动。同样,做销售拜访的时候,失败了多次,还能坚持拜访的销售员,其业绩也往往是最高的。

营销力的形成,大多来源于持续积累。持续积累,不会保证营销一开始就能成功,但是持续积累的效用,主要显示在后面几步。

下面用一则故事来说明这个道理,也当做本部分结尾。

两个青年,胸怀梦想来创业,各自在自己的事业池塘,播下希望成功的种子。其实,种子播下去后,事业在累积发展,像荷叶在池塘成长一样。假设每天成长一倍,荷叶在一个月的第30天,长满了整个池塘,代表事业获得成功。这里出一个题目,第26天的时候,荷叶覆盖了池塘多少面积。

很显然,是十六分之一。在第26天,一个年轻人看到成果依然遥远(或许这时大多数荷叶还隐藏在水里),耐不住寂寞,转身而走。殊不知,几天后,另一个

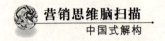

年轻人就获得了成功。

"在一个方向上持续积累",笔者希望通过这一道理和所有营销人士共勉。

三 只要思想不滑坡,方法总比问题多

在一个方向上持续积累能产生巨大的力量,但是很多人为什么不能持续积累呢?主要是因为在持续的时候,没有看到希望,所以就放弃了。上面用很多案例说明了"持续积累"的巨大作用,但是我们也不得不提醒,"在一个方向上持续积累"能预示着成功,但是它不能保证你什么时候成功。

坦白地讲,持续积累是枯燥的,它的成功效果,体现在最后几步,但是,在没有看到希望时,它的过程是艰辛的。

一般而言,如果一个人通过持续努力,能在确定的时间获得成功,大部分人会坚持。绝大部分人中途放弃,是因为没有看到希望。然而,没有人能百分之百保证成功。那怎么办呢?

能坚持下去的人,一定有信念。我们来看看下面冯仑所讲的另一个故事。

冯仑对夜总会有个精辟的研究,他认为夜总会是帮一些人实现最后成功一步的地方。在海南的时候,他特意问过在夜总会工作的本地海南姑娘,这些姑娘只从事外面端茶送水的服务,工资低。冯仑问她们为什么不进入里面从事"里面的工作",里面工作的姑娘工资高。得到的答案是"我们跟她们不是一类人"。也就是,在本地姑娘看来,里面的姑娘工作虽高,但是干的事情不好,而她们不属于那类人。很显然,本地姑娘坚信自己是"好人",当然不会去干里面的工作。

我们都知道,"好人有好报",但是"不知道什么时候报"。由于不知道确切的时间,"好人有好报"只能说是一个信念,从这个意义上讲,做好人主要是一个信

第八章 营销态度观

念的问题,持续做好人,更是一个信念的问题。上升到哲学高度,它是一个"正念"的问题。

我们认为,"只要思想不滑坡,方法总比问题多"是营销人士的一个"正念"。遇到问题,有的人找借口,有的人找方法。遇到不顺心的事,有的人哭泣,有的人迎难而上。遇到失败,有的人感叹屡战屡败,有的人却是屡败屡战。当然,前者一般不会有大成就,而后者才有可能成功。

我们先看看红顶商人胡雪岩在这方面的事例。

胡雪岩白手起家,年少时,曾经在一个钱庄当学徒,恰逢太平军攻占了钱庄所在城市。有一天,太平军拿着刀到该钱庄借3 000两纹银。老板躲了起来,只剩胡雪岩和几个伙计在柜台。大伙儿都不敢借钱给太平军,太平军一急就把刀架到了一个伙计的脖子上,问借不借钱。这个时候,胡雪岩挺身而出,把钱借给了太平军。太平军走后,老板从后院进来,没给胡雪岩解释的余地,就把他开除了。虽然,事后太平军还了纹银和利息,但这是后话,胡雪岩被开除下岗成了事实。

面对下岗这样的问题,有的人会躲起来,偷偷地哭几天。但是胡雪岩不同,上午被开除,下午就立马跑到茶楼喝茶。

茶楼的伙计,得知胡雪岩被开除了,有点幸灾乐祸。当看到胡雪岩喝了好久的茶,又不起身的时候,开始说胡雪岩的风凉话。胡雪岩不以为然,扬言以后要买下整个钱庄,要开最好的茶楼。

胡雪岩为什么不像平常人一样,下岗后躲起来,而是偏偏跑到茶楼来呢?用我们前面"人多的地方就是机会"来分析,很显然胡雪岩到茶楼来喝茶是来探听消息、试探机会的。

显然,胡雪岩有不一样的心态,不一样的见解,所以他才能成为商界奇才。

当然,在一个企业里面,如果能树立"遇到问题找方法"的企业文化,这个企业就具有巨大的文化动力。很多优秀的企业,花费巨资,为员工打造"遇到问题找方法"的心态,取得了显著的成效。相传三星公司在这点上受益匪浅。

由于营销的创新性和复杂性,合格的营销人士,一定要有遇到问题找方法的基本态度,一定要树立"只要思想不滑坡,方法总比问题多"的正念。

从本质上来说,营销具有创新性,它不像其他管理,制度规定了什么,才可以做什么。而营销的创新思维是"制度没有禁止的,都可以做"。前面用"转型和替代"来解决营销问题,就包含"只要思想不滑坡,方法总比问题多"的精髓。

事实上,一些优秀的企业在招聘营销人员的时候,都会考察其是否具有"只要思想不滑坡,方法总比问题多"的正念。

如某知名企业招聘亚洲区营销总监,老板亲自面试经过层层考核的两名候选人。老板出的最后一个题目是,"你们站在28楼,现在谁跳下去,谁就成为营销总监"。其中一个眼睛一瞪,很遗憾地望着老板,微笑着说,"老板,这是不可能完成的任务。"而另一个说,"没问题,我跳,只是请给我一把降落伞。"当然,后者顺利应聘成功了。

那么,如何在营销工作中具体运用"只要思想不滑坡,方法总比问题多"呢?前面讲了"转型和替代"等方法,这里主要具体论述作为营销管理工作者如何找方法的问题。

首先,建立"一元钱积极基金"。

如果你管理的营销部门,不幸部门文化陈旧,没有树立起"只要思想不滑坡,方法总比问题多"的积极企业文化,我们建议用业界著名的"一元钱积极基金"。

"一元钱积极基金"用法很简单,也很有效。就是,当员工遇到问题找借口或说不可能完成的时候,罚他一块钱。罚的一块钱不作为公司收入,而是成立"一元钱积极基金",可用于集体活动之用。一开始的时候,坚决贯彻制度,派人管理和监视,一旦发现有人说"这个事情不可能完成",马上罚款一元钱。据实行的情

第八章 营销态度观

况来看,一般在开始的时候,大多数员工,改变"不可能口头禅"并不需要对其罚款多少钱;而顽固消极的员工,一般在被罚款21元左右的时候,消极思维的习惯慢慢得到纠正。因为据心理学的研究,新的习惯的形成,一般需要21次的实践。就像小时候刚开始刷牙,不习惯,但是坚持21天后,刷牙的习惯就会形成,坚持更长的时间,一天不刷牙,反倒不习惯了。

和刷牙一样,通过"一元钱积极基金",使一个组织里面的老员工抛弃了消极思维,形成了"只要思想不滑坡,方法总比问题多"的企业文化,企业的战斗力会大幅增加,而且新员工并不需要管理者监督,也会自然而然地被这种文化内化。因为,即使管理者不监督,老员工也会主动监督新员工。开玩笑来说,老员工会自然而然监督新员工的"消极思维",一旦新员工说"不可能",老员工才有可能从新员工那里扣除一块钱,从而增加以往积累的"一元钱积极基金"。

其次,激励员工贡献营销智慧的方法。

真正的营销方法,特别是销售创新方法,多半来源于一线员工,那么怎样激励员工贡献自己的营销智慧,就成了一个重大的研究课题。课题成果关系到组织的知识更新、组织的竞争成败。

其实激励员工有很多研究,包括马斯洛的需求层次理论、赫茨伯格的双因素理论、麦克利兰的成就需要理论,还包括包括弗洛姆的期望理论、洛克和休斯的目标设置理论、波特和劳勒的综合激励模式、亚当斯的公平理论、斯金纳的强化理论等等。

根据这些大师的研究,激励可以分为正向激励(奖励)和负向激励(惩罚),也可以分为物质激励和精神激励等等。

我们这里只给出业界的一些做法。一些公司为了鼓励员工贡献销售智慧,特意编制公司销售宝典,每周召开工作总结会,如果总结会上有人提出好建议,在销售宝典上做好记录,记录下时间、贡献智慧的人的姓名,并以此示范给新员工,这对有些员工有很强的激励作用。除此之外,对贡献智慧的人给予奖励,但这种奖励并不以收入的形式表现出来,而是以每月多报销50块钱手机费来体现。贡献巨大者,甚至可以报销和部门经理所报销数额类似的手机费。这个措施对很多员工贡献智慧的积极性有巨大作用。总之,同样给钱奖励,给的方式不同,激励效果也完全不同。

第三,做用心人,做记录、做分析、做总结。

用心才有可能把事情做好,做好营销工作要做用心人,做好营销的管理工作更要做用心人,而做用心人的简单有效的办法是做记录。

如果做的是销售店长,可以做如图8.1所示的销售积累,并进行分析和总结。

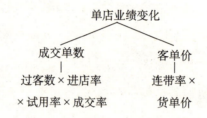

图8.1　单店业绩分解图

如上图所示,单店业绩由"成交单数"和平均"客单价"决定,而成交单数由"过客数、进店率、试用率、成交率"决定,客单价由"连带率、货单价"决定。连带率是一张客单上该客户平均买了几样东西。如购买衣服,客户既买了衣服,又买了裤子,还买了领带,这样连带率为3。有了这样的记录,店长对销售额的变化,才能做到心中有数。比如一段时期,某服装店业绩下降,店长先考虑成交单数和客单价。如果发现客单价没有下降,而成交单数下降了,就再进一步分析。经过分析,过客数没少,进店率也没下降,只是新来的业务员不知道怎样提高顾客试用率,也害怕顾客拒绝,不敢提出来成交,成交率下降了。这样经过层层分析,就找到了销售业绩下降的真正原因:成交率下降了。这个时候就找到问题的关键。针对以上问题,对这些新员工进行培训,安排演练,就可以解决

第八章 营销态度观

问题,提高业绩。

当然,除此之外,营销人每天把自己的营销心得、管理心得及时总结出来,这样无形中实践了"在一个方向上持续积累"的道理,几年后,营销笔记本可能会有厚厚的几大本,这是宝贵的营销财富。总有一天,这些宝贵的财富会给你带来意想不到的收获。

第九章
中国式营销的修和行

"修"和"行"两者结合在一起为"修行",修行是指具有自我意识的客观存在为了实现自主进化这一目的而主动对自身施加的一系列约束的总称。修行是一个佛法用语,它意味着使自己成为能够在人间如意行走而不被任何现象困惑的个体,这需要非常多的正确心灵知识,绝非只是一些充满了怪力乱神或者是无法提出充分证据的学说而已。

修行是一种最纯净的心灵活动,那是一个使我们的心境越来越清澈的过程,如果在修行的过程之中你觉得你的思想单纯许多,心情安稳许多,同时安全感也增加许多,但却没什么境界的话,那么这个过程就是正确的修行。

而在这里,我们不站在佛法那么高的层次看"修行",而是分开来释义"修"和"行":修是修炼,行是实践。从这个意义上讲,修行涵盖"知行"。知是指科学知识,行是指人的实践,两者结合起来,就是著名的知行合一。知行合一是指客体顺应主体,知与行的合一,既不是以知来吞并行,认为知便是行,也不是以行来吞并知,认为行便是知。知行合一是明朝思想家王阳明提出来的,指认识事物的道理与在现实中运用此道理,是密不可分的。"知行"是指中国古代哲学中认识论和实践论的命题,主要是关于道德修养、道德实践方面。中国古代哲学家认为,不仅要认识("知"),尤其应当实践("行"),只有把"知"和"行"统一起来,才能

第九章 中国式营销的修和行

称得上"善"。

我们认为,修是一种广泛的"知",它包括学习科学知识,也包括道德修养、情操锻炼。因此,我们用"修"和"行"来阐释营销中广泛的"知"和"行"。

修不易,行更难。学好中国式营销,不仅仅要通过学习掌握营销的道理,通过修炼提高营销的道德,更重要的是将这些道理运用于实践,在营销中,贯彻营销的真知灼见且恪守营销道德。

我们认为,营销的"修和行",除了在前面我们论述过的"营销之道,德为先",还有这里我们要论述的"从理念到行动"的营销理念。

任何营销理论,如果不能分解为具体的动作,就有可能飘在空中,没有执行力。没有营销的执行力,显然就不会有营销的效果。

比如,关于铺货的营销理论,大谈特谈了铺货的重要意义、重要特征,详细证明了铺货对企业业绩的影响,但是没有展开到"如何铺货"层次。这样的理论就可能是空洞的,仅仅停留在表面的知识层次,根本不能"行"。

铺货理论,要把铺货进行动作分解。我们以业界某方便面铺货操作手册为例来说明。经典铺货分为九步,对应的核心动作有"备、走、停、进、看、理、补、记、签"。第一步"备",做铺货的准备,看铺货的资料、货品等带齐了没有;第二步"走",正式出发,可以采用简易的交通工具,如电单车;第三步"停",在终端铺货点停下来,如从电单车上停下来;第四步"进",一定要进铺货点;第五步"看",进去以后要看,看自己公司的产品是否有货,看种类是否齐全,看产品是否占据了最好的货架和排面;第六步"理",就是理货,包括把产品整理,摆放好堆头,使得展示陈列生动化,把被对手"理"到货架里面的产品重新摆放好位置等;第七步"补",理货完了后,如果发现有些产品型号缺货,就要补充;第八步"记",做好登记,哪些型号产品销售好,哪些产品补货后还缺货等;第九步"签",铺货员把铺货考勤单拿给铺货点的人员请其签字,这主要是为了对铺货员进行考核和管理。

显然,上面的铺货理论才能真正有商业价值,才能真正有销售力。营销是实践性很强的学科,其理论都要像上述铺货理论一样,最终都要落实到动作。如市场调查理论,一定要涉及如何操作市场调查,否则的话,由于缺乏可操作性,这样的理论就只能停留在知识层次。

营销属于管理大类,管理大师德鲁克说,"管理归根结底是一门实践学科"。大师的话,既说明了"营销理论落实到行动"的重要性,也强调了实践对营销理论的重要意义。可以说,营销理论既要从实践中来,又要到实践中去。与单纯记忆理论相比,学习营销的更好方式是"在实践中学习",正如毛主席所讲的"在战争中学习战争的规律"。

商场如战场,任何战争是有代价的,任何营销实践是有成本的。针对营销新人来说,最好的办法是在实践中学习,但是对于组织来说,让新人不经任何培训就上岗,代价是很大的。因为新人有时候不但做不了事情,还常常得罪客户,把顾客赶走。

如某新人去做销售导购,第一天销售商品,自以为在这方面有悟性,见到顾客,便模仿电视里面见到的一些情形,快速迎上去微笑着说"欢迎光临,请问先生/女士买些什么?"如果一个销售员只知道这样去行动,这样去问话,大体上可以判断他/她是"菜鸟"(新人)。因为这样的销售话术,已经落伍了。"请问先生/女士买些什么"这句话会给绝大多数顾客带来压力,顾客不好回答。因为在销售与购买的博弈中,顾客警惕心很强,生怕多透露信息使自己处于被动地位。所以面对"请问先生/女士买些什么",大部分顾客选择了逃离。这就等于菜鸟用"欢迎光临,请问先生/女士买些什么"这句话赶走了顾客,对组织来说,成本是很大的。当然,即使有些顾客没有被这句话赶走,他们也不会给出真实答案,而是常常用"随便看看"这句话来应付。面对"随便看看"这个问题,新人要么不知所措,尴尬地站在那里,要么自以为是地发挥了以下一句来圆场,"请随便看看,有需要的时候叫我,我叫小丽"。初一看,新人的圆场话还不错,但是新人从事的是导购工作。导购的一个职责是积极引导顾客购买,显然这句圆场话不够积极。

第九章 中国式营销的修和行

对个人来说,最好的学习方式是实践;对组织来说,不能贸然让新手上岗。这一个人和组织之间的矛盾,如何应对呢?我们认为可以用广义的"修"和"行"来解决。广义的"修"和"行"互相涵盖。"修"可以修"行"的内容,"行"可以是一种"修"。先行后修,可以修得直接;边修边行,修行相得益彰;先修后行,可以行得有效;无所谓修和行区分,更是修行的超脱。

那么针对以上描述的情形,怎样去化解呢?我们还是先介绍业界的相关知识和配套的相应行动。这就是导购的销售动作和话术。用怎样的动作和话术应对呢?业界比较前沿的做法是"换位思考、站好位、管住脚、管住嘴、答好问"等。

换位思考,就是要站在顾客角度来思考,要帮顾客购买,帮顾客做选择,帮顾客解决问题。有了换位思考,就知道不应该问一些给顾客带来压力的问题,也不能急于向顾客推销产品。

站好位,是指销售导购站在适当的地方做好迎宾。虽然导购所占的位置根据各个门店不同、各个行业不同而有所不同,但是导购在顾客进来之前不应站在大门中间,不应站在顾客看不到的地方等这是共识。

管住脚,是指导购不应看到顾客就立即扑上去,也不应在顾客浏览商品的时候跟得太紧,和顾客亦步亦趋。因为这些动作都会给顾客带来压力。

管住嘴,是指导购不要自以为是问一些给顾客带来压力的问题。如前所述,不要一见面就问顾客"买点什么",也不要和顾客说"喜欢的话,试一下"。"喜欢的话,试一下"听起来虽有道理,但是这也是一个给顾客带来压力的说法。言下之意,我试产品,就代表我喜欢了。顾客想,在没试出效果之前,我怎么知道喜不喜欢。我们知道,大部分产品,需要试一试,最后才能成交,提高顾客的试用率,也就有可能提高顾客的成交率。导购确实要采取种种办法提高顾客的试用率,可以这样做和这样说:"来"——配备有力的动作和肢体语言(用手从上到下挥舞,并跺脚一下,指向顾客要试用的产品,并前进),——"这边试一下";或者把商品交到顾客手上,并说"试一下,买不买没有关系"。

答好问,就是学会应答,针对顾客的一些疑虑和难题,应站在顾客的角度来应答。比如针对顾客"随便看看"的说法,可以这样回答:"是的,买东西是要多看看,来,这边是我们新到的货"。这句回答,既让顾客听起来舒服,又对顾客的购买行为进行了积极引导,因为前半句话是站在顾客角度回答的,顾客抗拒的心理就有所下降,接着顺理成章地说,"来,这边是我们新到的货",很自然地引导顾客走向购买。

一般来说,针对顾客的疑难问题或不好回答的问题,应对的方式是"认同—转移—成交"。值得指出的是,"认同"不是认同顾客的观点,而是表示理解顾客有这样的想法是自然的;转移是指转移顾客关注的焦点;成交是指引导顾客购买。

笔者曾经在购买手表的时候,发现一名训练有素的导购对笔者展开了"认同—转移—成交"的应对。作为营销工作者,笔者把购买手表当作了营销锻炼和营销学习的机会。在快要做购买决定的时候,笔者对导购说,"手表好是好,但是包装太差劲了,能不能便宜一点"。导购的回答以及动作如下:"是的,我们一些老客户一开始也是这样认为的,我自己当初也是这样认为的,不过,我们老客户把手表拿到家的时候,当他对家人说以这个价格买了这块表的时候,家人都用惊讶的目光看着他,说值,看来你是购货行家了。其实,我们公司的理念是把最好的产品给客户,而不是给顾客徒有其表的包装。你也知道天价月饼的事情。你说买东西是不是要买到实质呢?"说到这里时,导购微笑地注视着我。我不得不点头。看到我点头,导购接着继续边说边行动。"来,我给你开单。"他拿出笔和单子,依然微笑地注视着我,刚开始的时候,拿笔的手抬得很高,慢慢地将手向单子靠拢,行程至二分之一的时候,看到我没有反对,便快速用笔写下了单子。然后问"先生,刷卡还是付现"。笔者当然知道导购运用了"认同—转移—成交"的技巧,只是没想到这名导购运用得如此行云流水,自然而然,最后还是刷卡买了这只手表。

第九章 中国式营销的修和行

在上述情形中,导购首先用"老客户甚至自己当初的一些想法来认同我的提问"(认同);其次,用"老客户回家后的经历,以及老板的理念"来转移矛盾的焦点(转移);最后,用开票的动作、付现和刷卡二选一的提问完成了成交(成交)。整个过程非常清晰地展示了"认同—转移—成交"的应对模式。

"认同—转移—成交"从本质上是一种有效的沟通手法,因此还可以运用到管理的其他领域。营销既是做事,也是做人。做人的时候,有时候也可以运用"认同—转移—成交"来处理营销工作中的沟通问题。

下面是人力资源沟通课程中所讲的一个案例,笔者听了感到"胆战心惊"。

在春秋战国时期,有一个士大夫非常有才,但是有点心高气傲。在冬季的一天,士大夫到王宫陪大王喝酒,大王兴起,一直从傍晚喝到三更才散场。由于,王宫有规矩,不得留成年男子在宫中过夜。大王遂赏赐了一壶好酒给士大夫。士大夫带着好酒,带着醉意,晃晃荡荡跑到城门。城门已关。士大夫用手大力敲门,并喊道"开门,给我开门"。天气寒冷,夜又深,看门老头本来不愿意这个时候起来开门,不过看到是士大夫,没办法,只好起来开门。没想到老头也喜欢喝酒,开门的时候闻到了酒香味,于是向士大夫提出来要碗酒。不知道是大王的酒不能随便给人喝,还是其他原因,士大夫借着酒性竟然这样回答:"呸,就你也能喝这个酒,赶快开门。"老头心里大怒,但人家是士大夫,没办法,还得开门。不过开门之后,他看士大夫远去,又看看周围没人,遂从自己的房间端出来一盆水,倒在城门口。天气很冷,北风一吹,就结成了白白一层冰。

第二天,城门结冰的消息就传开来。因为皇宫城门无故结白冰,在那个时候看来,是不祥之兆。大王得知这个事情后,开始审问原因。这个时候,看门老头站出来说话了,他说,昨天晚上给士大夫开门时,还没有结冰。不过,起来的时候,发现士大夫在城门前抖动裤子,还依稀闻到了气味。

大王听完老头的话,马上联想,一定是士大夫胆子大,无视王威,在城门口撒尿而引起了结冰。于是乎大喝一声"来人,把士大夫的人头砍来见我"。

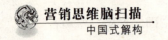

这就是"盆水杀人"的故事。

"盆水杀人",可以用"做人深深海底行"去解释,也可以告诫我们不要乱喝酒。但是,放在沟通领域,面对不好回答的问题,为了避免这样的悲剧,也可以采取"认同—转移—成交"的应对。为了表述得更合适,人力资源沟通把之换成了"承认—苦衷—指出路"。

承认就是认同,面对不好回答的问题,承认人家有这样的提法是合理的。苦衷就是转移,它属于转移里面的一种,转移矛盾的焦点。"指出路"对应于"成交"。如果士大夫确实不想把酒给老头喝,最好采取"承认—苦衷—指出路"来应对。

关于"盆水杀人"的案例,人力资源专家给出的沟通建议是:首先是"承认","大爷,这么冷的天要您起来开门,本应该给您酒喝",承认老头提出喝酒的建议是合情合理的;其次是"苦衷","大爷,您也知道,不是我不想给您酒喝,而是大王赏赐的酒是不能随便给人喝的,否则我会被砍头的",讲出不能给酒喝的苦衷,转移矛盾焦点;最后是"指出路","大爷,这样吧,明天请你到我那里喝酒……",给出大爷喝酒的解决办法,沟通才完美,问题才得以妥善解决。

下面,我们还是回到营销的领域。继续以笔者的实践来谈"营销从理念到动作,从理论到行动"。

笔者博士毕业后,曾经在有名的 HU 航空集团公司工作,具体从事 HU 航空集团下 JL 公务航空有限公司之公务机营销战略的研究工作。JL 公务航空有限公司,是 HU 集团控股子公司,成立于 1998 年,当时注册资金为 3 亿元。JL 是国内首家涉足公务航空市场的开发,为国内外一流工商企业与顶尖商务、政务人士提供高效、灵活、便捷、舒适的专机飞行服务的公务机公司。

当时,JL 为顾客提供包机服务,主打营销战略是"安全舒适、尊贵私密的皇家式服务"。但是,经营好几年,一直不赢利。而当时其他的竞争对手情况也不乐观,其第二大竞争对手山东彩虹公务机公司甚至退出了公务包机市场。

第九章　中国式营销的修和行

　　2006年5月,山东航空公司发布公告表示,山航旗下的彩虹公务机公司已退出公务包机市场,曾经引以为傲的两架庞巴迪顶级公务机已退还给租赁公司,16名飞行员则以1 568.42万元的价格被山航购买,以抵消彩虹欠下的部分债务。成立于2000年的彩虹公务机公司曾是国内仅次于JL的第二大公务机公司,拥有两架庞巴迪CL604、五架赛斯纳208型水陆两用飞机。彩虹曾因迎送美国前总统卡特、克林顿,泰国公主诗琳通等贵宾而名声大噪,并成功吸引了香港中富航空的参与重组。但是资本重组也没有挽救彩虹公务机的命运。

　　种种迹象似乎表明,中国公务机市场冷清,前途渺茫。笔者以及笔者的一个博士同学有幸在这个时候,被HU集团派往JL进行市场调查和营销战略研究。

　　刚入职,就被委以重任,我们是兴奋的。然而,虽然做了充分的准备,真正行动起来,并不容易。JL公司对我们相当配合,但是公务机航空市场的客户,都是相当有身份的人,要接触调查到他们,并不容易。为了获得一些客户的联系方式,我们花费了相当多的精力。

　　笔者当时每天都是6点多起床,然后去公司上班,中午不休息,晚上回来整理资料,进行分析,基本上都是12点多睡觉。其工作强度,也不亚于博士论文的冲刺阶段。

　　但是半个月很快过去了,我们并没有找到JL公务机市场突围的营销战略。向公司客户、大老板、政界高层、影视巨星提供"安全舒适、尊贵私密的皇家式服务"的营销战略,并没有问题。可是在这种营销战略的支撑下,JL没有赢利过。

　　根据"反者道之动"的启示,我们返回到HU集团为什么要成立JL公司的初衷来进一步剖析问题。经过材料分析和相关调查,当初支撑成立JL公务机的利好信息主要有三点。其一,业界有消息说中国公务机市场未来10年有6 000亿元的空间;其二,美国公务机公司已经赢利了;其三,巴西公务机公司已经赢利了。我们来具体分析这几点。6 000亿元的市场,那确实是可观的,因为当时中国GDP总量都不过10万亿元左右,未来中国公务机有6 000亿元的市场,做一个最保守的分析,即便拿到百分之一也有 60 亿元。这个消息肯定是激动人心的。但是经过深入分析和研究后,我们发现"说世界公务市场(还和中国公务机市场)有巨大空间的人",不是别人,基本上都是某著名的公务机制造公司。从中国式营销角度来分析这一现象,我们就完全理解该公务机制造公司为什么会发布这样的消息。显然这样的消息能积极促进航空界购买公务机,这是公务机制造公司站在一个更高层次上进行公务机营销。当然,我们认为,HU 集团不会因为这样的消息就决定成立 JL 公务机公司。后面的两个消息,才有巨大的激励作用。因为中国和美国、巴西一样,幅员辽阔能飞公务机。幅员不辽阔,像韩国等国家,即使收入水平高,要发展好公务机业务也是不现实的。然而美国确实经济发达,有钱人多,航空管制较松,其公务机能赢利。和美国相比,我们不是发达国家,公务机要赢利可能还有待时日。但是巴西属于发展中国家,和我们一样,它的公务机公司为什么能赢利呢?原因在于其航空管制较松,还有巴西的贫富差距较大,超级富人不少,最重要的是巴西有生产公务机的厂商,有成本优势,所以能赢利。

在这三点分析中,我们发现了一个关键问题——成本。后来调查了很多部门,也印证了这个结论。JL 公务机通过飞机租赁公司租公务机为客户提供服务,像湾流 IV 这样的公务机,对外报价 4.5 万/小时,并且即使公务机飞单程,空机返回,空机费用也要客户出 3 万/小时,即使这样,JL 公务机仍不能赢利。而据我们的调查,公务机的客户,认为和坐头等舱比,如此报价并不划算。我们想,是不是 JL 公务机飞行次数不够,而导致成本过高呢?然而调查表明,JL 公务机飞行次数达到了国际上成本最优飞行水平要求的次数,其公务机每天飞行达到了 2 架次。那是什么原因呢?继续调查下去,发现 JL 的各种管理水平也很高,而管理成本并不高,其机长和空乘的工资也不是最高的。最后,我们发现,JL 公务机和其他航空公司一样,飞机费租赁过来的,这一块占了很高的资金成本。比如,做一个假设(由于牵涉到商业机密,数据有所改动),一架公务机完税后价格 2 亿多元,那么租一架公务机,JL 至少每月要花费 100 万左右。很显然,每架公务机,

第九章　中国式营销的修和行

一天飞不飞都得支付3万多元的租金。这是成本问题的关键。那怎么突破这个问题呢？

简单用"STP＋4Ps"西方营销理论的精髓，很难解决这个问题。下面笔者用中国式营销思维来应对，有两套方法，最后的结果都是相同的。

第一套方法是用前面所讲的"一阴一阳，看问题看本质"以及修正的郎咸平"行业本质"来分析、思考、应对。这需要很深的逻辑推导，以及相关的服务营销、服务管理等知识。

JL公务机显然属于服务业，按郎咸平教授的行业本质来思考"服务业的本质是什么"，显然这是一个仁者见仁、智者见智的问题。但是，我们可以进一步分析服务业的走势，从走势中得到启发。服务业包罗万象，有银行服务、交通服务、航空服务，也有家政服务、心理医生服务。我们拿银行服务和心理医生服务来对比，发现从固定成本风险角度来看，银行服务风险较大，因为银行有大量固定资产的投入，除了前台服务，更重要的是后台系统、银行大厦的投入，这些投入很占资金，一旦有经营风险，固定资产就很难退出。而心理医生的服务，固定资产的投入很少，经营风险很小，所占资金的成本也较低。从这个对比就可发现，服务业可以分为银行这样的重资产服务，以及心理医生这样的轻资产服务。而产业发展表明，企业向轻资产转型，是一种趋势。如大家都知道生产有形产品不赚钱，而且很辛苦，于是纷纷转型到服务。最有名的是IBM，它把笔记本业务都卖掉了，成为纯粹的IT领域的服务商。以此类推，当然服务业里重资产的服务也可以向轻资产的服务转变。

基于此，结合"行业本质论"，我们可以思考出来"服务中的服务"（或者叫走轻资产道路）是"公务机行业的本质"。当然，结合我们对郎咸平行业本质论的修正，可以这样表述：假定"服务中的服务"是公务机行业的本质。那么接下来，JL公务机提供"服务中的服务"为营销突破战略。

那么怎样提供"服务中的服务"，落实到JL，就是JL提供公务机纯服务，最好的办法是"有钱人买飞机,我替你提供服务"。有钱人买了飞机,承担了资金成本,而JL在航空服务上有优势,它有飞行员,也有空乘、技师提供服务,收取服务年费。通过这样,JL基本上一开始就能赢利了。

假设JL为某有钱人公务机提供服务收取年费500万元(考虑到商业机密,本数据有所改动),那么如果在未来的一段时间,JL能发展这样的会员20家,基本上纯收益就是1亿元左右。这就是从"行业本质"来突破原来的问题。

当然,要落实"服务中服务"的战略并不容易。因为,毕竟买飞机后,有钱人每年还要支付年费。如果有些有钱人接受不了。怎么办?用商业模式来营销。

毕竟,有钱人不是每天都要飞行公务机,那么不飞的时候,可以出租给其他需要包机的客户。这样在有钱人、JL、其他客户等利益相关者之间搭建了"利益相关者的价值结构",形成一种新的商业模式。用这种新的商业模式,就能解决问题了。因为,这个时候,对有钱人来说,买公务机、付年费,并不是简单的消费问题,而是投资问题。自己不飞行的时候,出租给其他客户,赚到的利润还可以分红。

在真正的操作过程中,有个有钱人还是不愿意支付年费,怎么解决呢?必须站在客户的角度来思考,为客户找到一个支付年费的理由。经过分析,该有钱人为公司客户,他经常在中央电视台、地方卫视、公交车上打广告。结合前面我们所讲的中国式营销"媒体"的概念,"凡是对人产生刺激的地方皆是媒体,人多的地方就是媒体"。于是,跟该公司提出用飞机做媒体的创意,该公司最终同意支付年费了。显然,在飞机上打广告,比在普通的公交车上打广告要高档很多,而且公司还拥有公务机,就会产生巨大的媒体效果。最后,JL按照该公司的要求,把飞机漆成了暗红色,并画了一个大大的该公司的标志在飞机上。

第二套方法,运用了"一阴一阳,关键是替代"的启示,其他部分做法相同,不再展开。如前所述,同样遇到租赁成本的问题。反复思考"用什么来替代这个成本",最后,也自然而然想到"顾客购买飞机,就完全替代了租赁成本"。

第九章　中国式营销的修和行

殊途同归,只要思想不滑坡,方法总比问题多。怀着积极的营销理念,把营销当做事业来做,在这个方向上持续积累,提高看问题的高度、通达看问题的角度,"从理论到行动,从理念到动作",积极应对营销问题,把每一次失败当做人生的一次提炼和考验。如果营销还不够成功,请记住,所有发生的事情都会过去,只是自己的营销修炼还不够,上天还要给自己一次锻炼而已。

最后跟大家共勉:

营销的"修"和"行",就像趟大河,爬大山,从高山仰止起步,到山高人为峰,其过程是艰辛的。可以说,当我们选择了营销事业,也就选择了磨难。在中国特定阶段要成就卓越的营销事业,一定需要巨大的付出。在通往营销巅峰的路上,有欢笑,更有泪水;有掌声,更有落寞;有鲜花,更有鄙视。笑过、路过、哭过,甚至还会错过,都坦然地把它们当做一种经历吧!我们能做的是,当面临营销顺境的时候,抓住机会,快速成长;当面临营销挫折的时候,不要气馁,坚信逆境能使人快速成熟。胸怀"一切是自己——修,自己是一切——行"的营销修行观,善待营销事业中的一切,我们迟早会在成熟中走向成功,在营销的世界闯出自己的营销天地。

简论营销策划的三个层次

詹志方,王 辉

(江西师范大学商学院,江西南昌 330022)

摘要:针对我国营销策划面临的问题,提出了分层次看待营销策划的思路。经分析,我们认为营销策划适合分为三个层次:营销之道的策划、营销之法的策划和销售之术的策划。最后我们对这样分层的作用做了阐释。

关键词:营销策划;层次

几年前,"爱多"汇集南北营销策划高手和深圳一家知名广告公司合作,依托高强度的促销努力,把来料加工的乡镇小厂做成全国响当当的 VCD 知名企业,"爱多"从此成为妇孺皆知的品牌。其中,"超强的纠错功能"、"我是谁"和"我们一直在努力"一组品牌形象策划为"爱多"挑战 VCD 行业龙头地位奠下基石,成为广告策划界中的经典之作。可是,过度规模膨胀引发企业深层的管理问题,突

---

① 附录所列的是作者这几年发表的有关中国式营销思维的文章。
② 本文发表在《长沙理工大学学报》2007 年第 4 期。

然有一天像洪水溃决扑灭了燃烧的市场之火。[1]美好的策划虽然帮助"爱多"建立起了良好的品牌形象,但由于种种原因,并没有搀扶这个企业步入21世纪的门槛。"爱多"的辉煌只能非常遗憾地留在了昨天。经调查显示,中国很多企业的寿命不过几年。在过去几年,像"爱多"一样通过策划迅速知名走红,而又由于种种原因迅速倒闭的知名企业还有太多。

在"爱多"、"秦池"、"三株"等知名品牌倒闭之后,在策划界的一些点子大师被抓以后,一些企业由开始对策划和所谓策划大师的盲目崇拜,转而变为对策划的质疑和策划人员的排斥。在我国,营销策划由辉煌一度进入了低谷。有人把这种情况简单归结为策划界之过,因为我国策划界存在着杂、乱、散等特征,存在着一些不该出现的现象[2]:鱼龙混杂,李鬼与李逵并存;缺乏专业技术水平;自封的大师满天飞;盲目承担力所不及的业务;策划公司、策划人之间相互拆台相互攻击;无序竞争;自己没做多少事,先把自己吹上天;什么人都可以进行策划。但我们认为:这种结果的出现,不仅仅和策划界相关,更和企业有关,甚至和我国当前的经济环境相关。现在我国的经济正处于转型期,很多事情的发生、发展有太多不可预见性、不可确定性,但人们对前途又充满很高的期望,因此就很容易产生急功近利的浮躁心情。笔者曾经给一些中小企业做营销咨询,发现有不少企业有急功近利的思想,希望得到的是"支给几招,快速卖货"。在这些企业的心目中,营销策划就是一把快速杀开市场的"刀",他们看重的是刀的锋利,要的是"一刀见血"的刀术。很显然,这些企业把营销策划仅仅看成了"器",然而器虽锋利,它既可以制敌于死地,也可以扎伤自己。而我们认为刀作为武器,最关键之处,不在于刀刃,不在于锋利,而在于刀柄,握着刀柄,刀刃才会为企业服务。

综上所述,无论理论部门还是实践部门,都需要对营销策划进行科学反思。我们认为营销策划,不仅仅是"器",营销策划应该是"道"、"法"、"术"的统一。做好营销策划的关键在于把握营销的"道",其次是"法",最后才是"术"。而我国营销策划走的路径却恰恰相反,过去对营销策划"术"的层次谈得多、求得多、用得

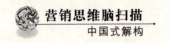

多,而对"法"的层次,现在才渐渐进入思考和运用,至于"道"的层次思考得少。所以,营销策划需要分层次思考。

一、营销策划及其三个层次的划分

人类活动是一种有目的的实践活动,策划的思想及其实践也源远流长。"策划"之说,在我国古就有之,《后汉书·隗嚣传》中"是以功名终申,策画(划)复得",就提到了策划[3]。而《词·大雅·灵台》对策划活动做了描述,所谓"经始灵台,经之营之"。"经之营之"有精心谋划、营造、筹措、拓展之意[4]。《孙子兵法》通过妙"庙算"一说,强调了策划的作用。《孙子兵法·计篇》指出"夫未战而庙算胜者,得算多也;未战而庙算不胜者,得算少也。多算胜少算不胜,而况于无算乎!"[5]。而《三国志·隆中对》可以说是一个经典的策划案例和一个经典的策划写作书。古语中的策划,均有打算、计谋、安排之意,与现在使用的策划语义相通。通过总结,胡屹先生在其所著的《策划学全书》一书中把策划定义为:一项立足现实、面向未来的活动。它根据现实的各种情况与信息判断事物变化的趋势,围绕某一活动的特定目标这个中心来全面构思、设计、选择合理可行的行动方式,从而形成正确的决策和高效的工作。而菲利普·科特勒则强调,策划在本质上是一个运用脑力的理性行为,是一个程序。从上面论述可看出,策划具有复杂性、全面性等特点,它不等于人们常说的点子,它是一门复杂的思维科学。

通常理解复杂问题的方法,可用层次分析方法,基于此,我们认为对策划的理解适合层次分析。营销策划是企业在市场中如何更好地生存与发展的谋划,作为策划的一个分支,它也就适合运用层次分析方法来理解。

按照中国传统"道"、"法"、"术"的思想,我们把营销策划分成了"营销之道的策划"、"营销之法的策划"、"营销之术的策划"三个层次。三个层次的划分思想来源于《易经》。在《易经》里,"易"可以分为三个层次:"不易、变易和简易"。这样,《易经》给我们启示:分层次看问题。为了形象说理,《易经》以"天、地、人"为代表来阐释道理[6](见附图1.1)。

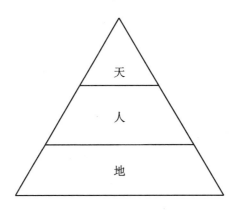

附图1.1　天、地、人

从上图可看出,《易经》教给我们看万事万物要分为三个层次(高、中、低),具体到学科理论也是这样,按社会学理论研究,理论可以分为高层理论、中层理论、具体理论。就管理学科,管理学科也可以分为三个层次:管理哲学、管理科学、管理经验(见附图1.2)。

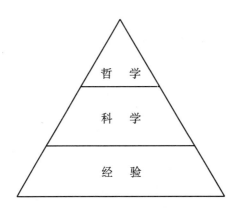

附图1.2　管理学三层

通常人们通过参与、观察、调查而形成管理经验(第一层),然后在这一基础上抽象出事物之间联系的原则、原理、规律,进而形成管理科学(第二层)。按照马克斯·韦伯的观点,西方人是"计量的"、"精确的"和"讲究形式理性的",因而在西方非常崇尚管理科学。但是管理学是不是就只包括管理经验和管理科学呢？这就不一定。我们认为,管理学还要上升到管理哲学。管理哲学主要指管理的指导思想,它包括对管理本质理解后的直觉(灵感)和管理艺术。简而言之,我们认为管理学高的境界是"领导者站在现实的市场,就应该凭自己对管理本质的理解知道企业怎么走"。可见,管理学应该是经验、科学和艺术的统一。

基于以上认识,我们把营销分为了三层(见附图1.3)。也就是说,营销包括营销之道、营销之法、销售之术。在三层中,营销之道在最高层次。营销之道主要从营销的角度思考企业的使命、企业文化、战略、制度。也就是企业的营销要为

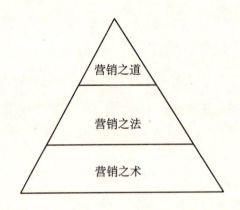

附图1.3 营销三层

企业的使命、战略服务。营销之法在中间层次,主要指营销科学,包括营销的市场细分、目标市场的选择和定位。而销售之术在最低层次,主要有产品、价格、渠道、促销等内容。

因为营销可以分为三个层次,相对应,营销策划就可以分为三个层次。即营销策划可以分为"营销之道的策划"、"营销之法的策划"、"营销之术的策划"三个层次。

二、营销策划分三层的作用

首先,在一定程度上揭示了我国营销策划的发展方向。据有关人士的总结,我国营销策划大致经历了以下几个阶段:一是萌芽阶段,主要在20世纪80年代

末90年代初,主要代表人有何阳,曾创造了一个点子卖了40万元的神话;牟其中,曾创造了用一车皮积压服装换一架飞机的神话;王力,曾创造了亚细亚的神话。二是起步阶段,在20世纪90年代中后期,代表人物有余明阳,用公关手段创造企业辉煌;王志纲,开启地产策划的大门,碧桂园事件引发了地产营销策划。三是发展阶段,在20世纪末到21世纪初,主要代表人物有叶茂中,用影视广告创意带来营销新思路;朱玉童,进行产品市场全程营销策划;陈放,激情创意大型活动策划等等。当前,策划已进入第四个阶段——接轨阶段,主要代表人物有袁岳,创造中国调研业零点调查公司;梁中国,号称全球第一位CBO首席品牌官;陈国庆,中国策划研究院执行院长;当然还有一批后起之秀[7]。从上面可看出,一、二阶段属于销售之术的策划;三阶段有的策划还是属于销售之术的策划,而大部分已经有营销之法(科学)层次的策划;四阶段属于营销之法(科学)层次的策划。然而,对营销之道层次的策划还很少,可"道"却是重要的,因为只有"道"正确了,才能成就大营销。我们可以预测,未来的营销策划发展的一个重要方向是营销之道的策划,以及营销道、法、术相结合的策划。

其次,有利于企业更好地理解营销策划,从而对营销策划有一个科学的认识,以防范有关风险。有了营销策划的三个层次,企业就可以比较容易地分析出各个层次策划的优点和缺点,比如销售之术层次的策划是见效快,但仅仅从这个角度做营销策划,往往并不能使得企业长久发展。而营销之道层次的策划,有时候不能立竿见影,但确实能使企业持续发展,并能使之做大做强。企业有了这样的认识,才有可能不至于对营销策划盲目崇拜,也不至于对营销策划彻底失去信心。而且营销策划的三个层次,能给企业一个很好的启示:高层次营销之道的策划,比中层次营销之法的策划更关键,而营销之法的策划又比销售之术的策划关键。企业在运用营销策划这把"刀"的时候,知道刀柄的重要,因为它代表了营销之道,也知道刀法的运用,因为它代表了营销的科学,这样,把握了道和法,刀刃才会为企业服务,而不至于扎伤企业自己。

最后,有利于更好地解决营销策划问题。通常问题分为三个层次(低、中、高),要解决一个问题,可以就问题产生层次解决问题,还可以站在比问题高的层次来解决低层次问题,通过这样,从而产生《孙子兵法》所讲的"势"来解决问题,使得问题迎刃而解。即我们解决问题的思想要以战略专家魏思曼的思想为参考,魏斯曼说:问题的解决往往不在问题相邻的层面而在与之相高的层面。打比喻的说法,就是"学了高中的数学以后,去解决小学的数学问题"。具体到营销策划,解决销售层次问题,好的营销策划方法应该是从营销战略层次思考,而市场营销的战略策划应该从企业的经营思想去思考。如同样为数据管理系统软件公司做营销策划,有的策划就销售层次谋销售之术,策划主打方向就是投钱做广告等,结果使得企业花了很多钱财,而销售效果并不理想。高明的策划并不是这样,而是从比销售更高的层次上着手,策划出的方案是:数据管理系统软件公司首先派出管理专家或顾问对客户企业进行战略层次诊断,从战略的角度提出解决客户问题的办法,而该办法的实行必须用到数据管理系统软件,那么数据管理系统软件的销售就是顺理成章的事情了,销售效果相比就更好。

参考文献

[1] 李云. 营销过程管理让策划落到实处[J]. 企业经济,2006 年第 6 期.

[2] [7] 王唤明. 反思我国策划业现状. 中国营销咨询网,2006 年 5 月 24 日.

[3] [4] 叶万春. 企业营销策划[M]. 北京:中国人民大学出版社,2004.

[5] 洪兵. 孙子兵法与经理人统帅之道[M]. 北京:中国社会科学出版社,2005.

[6] 张其成.《易经》感悟[M]. 南宁:广西科学技术出版社,2007.

On The Study of Three Levels of Marketing Planning

Zhifang Zhan, Hui Wang

(Business College of JiangXi Normail University, NanChang, Jiangxi, 330022)

Abstract: It is suggested to use Analytic Level Process on the study of marketing planning while dealing with the problem of marketing planning in our country. We suggest that marketing planning can be divided into three Levels: the planing of DAO, the planning of FA, the planning of SHU. In the end, the effect of analytic Level process on the study of marketing is explained.

Keywords: Marketing Planning ; Hierarchy

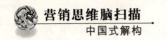

品牌阴阳"观"[①]

詹志方[1]，王辉[1]，周南[2]

(1. 江西师范大学，南昌；2. 香港城市大学，香港)

摘要：中国企业要"融会贯通"中西方品牌理论以构建自己的不朽品牌，有必要从文化的源头上挖掘品牌之道。本文从阴阳观的角度来"观"品牌。首先对西方的品牌理论进行了简介和反思；然后论述了品牌"阴阳"二质；最后在此基础上，重点阐释了品牌阴阳"观"。

关键词：品牌；品牌阴阳观

西方企业成功创立了许多世界名牌。中国人对西方品牌理论和实践的学习方兴未艾。"师夷长技"，无可厚非。但我们必须坚持"中西合璧"，"融会贯通"。

一、西方的品牌理论及其思考

品牌是一种名称、术语、标记、符号或图案，或是它们的相互组合，用以识别企业提供给某个或某群消费者的产品或服务，并使之与竞争对手的产品或服务相区别(Kotler and Keller，2006)[1]。品牌是企业向市场提供的有形和无形价值的综合表现。在《牛津大辞典》里，品牌被解释为具有"用来证明所有权，作为质量的标志或其他用途"的功能。

凯勒(Keller 2006)的品牌共鸣金字塔[2]（见附图2.1）将品牌分为感性和理性两个方面，认为它们代表两种不同的建立品牌共鸣和忠诚的方法：一种是加强产品相关的性能联想和所导致的判断，另一种是加强非产品相关的形象联想和所导致的感受。这是因为消费者的理性关注使他们追求能够满足功能需求的品牌，而感

[①] 本文发表在《长沙理工大学学报》2009年第4期。

性关注使他们追求能够满足心理或感情需求的品牌。凯勒指出,强有力的品牌往往是理性和感性兼而有之,两者为顾客提供不同的品牌共鸣通道。企业可以通过产品性能和形象的特色互补诱发消费者对品牌的反应,使品牌建立牢固的市场地位。

附图 2.1　品牌共鸣金字塔

上面西方品牌理论对品牌进行了很好的研究,但带有二元论①的思想,体现了西方思维的形式理性。形式理性,具有"分"的特征,关注的是过程,具有精确和计量的特点,强调的是"逻辑"。而中国思维更注重"实质"理性,指向目的,具有模糊和思辨的特点,具有"合"的特征,强调的是"顿悟"。我们认为,品牌这些形式概念都只是从不同侧面反映品牌的阴阳二质。

因此,我们提出一种基于阴阳观的合二为一的品牌阴阳模式,与西方的一分为二的有形—无形或理性—感性模式对应,作为建立一种融会贯通中西方的品牌营销理论的尝试,并希望指导企业的品牌建设。具体模型见附图2.2。

---

① 按照王树人的研究,西方自"轴心时期"亚里士多德提出"实体、第一实体"后,西方思维就日益具有了"主客"二元的框架。详见:王树人. 回归原创之思:"象思维"视野下的中国智慧[M]. 杭州:浙江人民出版社,2005.

附图 2.2　品牌阴阳模式

二、品牌的阴阳二质

作为一种认识宇宙事物的思维方法,阴阳观是中国传统文化的核心。《周易·系辞》中说:"一阴一阳之谓道"。

根据阴阳观,万物的形成、生长、变化和毁灭都是阴、阳二气相互作用的结果。即《黄帝内经》所谓"阴阳者,天地之道也,万物之纲纪,变化之父母,生杀之本始,神明之府也"。

品牌作为万物一种,亦具有阴阳属性。

我们认为,品牌的阴质可概括为:"实,有形,功能,理性";阳质可概括为:"虚,无形,形象,感性"。

品牌的阴质具体表现为"有形而实在的产品功能,满足消费者的基本需求,注重实用、实惠,关注交易、利润,主占市场份额"。品牌的阳质具体表现为"无形而虚存(即精神存在的,并不是虚无)的品牌形象,满足消费者的精神需求,以印象感觉等体现,注重关系、优越,关注名气、交情,主占情感份额"。品牌的阴阳二质如附表 2.1 的左右两列。

附表 2.1　品牌的阴阳表

品牌之阳	品牌之观	品牌之阴
虚/无形 妙	玄	实/有形 徼
品牌形象/感性	和	产品功能/理性
关系	善念	实用
交情/关系	心正	交易/利润
名	义	利
优	德	惠
满足精神需求	圆满需求	满足基本需求
情感份额	道	市场份额

三、品牌阴阳"观"

附图 2.1 的"品牌金字塔"虽没有把品牌的感性和理性完全对立起来,但是仍将品牌的感性和理性表现在金字塔的两侧。也就是说,其品牌的阴阳呈"分"开之形。而在附图 2.2 中,我们用太极图来比拟品牌,其"阴"中有"阳"、"阳"中有"阴","阴阳"二质互动、贯通、浑然一体。

我们这种模型和"品牌金字塔"具有异曲同工之妙,既能从"形""融会"之,又能从"观""贯通"[①]之。可以说,我们品牌阴阳"观",其精华主要在"观"字。通常所谓观,指眼睛看,但我们这里主要指心神之"观"。它属于超越眼睛看那种直观而又处超越之"观",它和"玄"连在一起。所谓"玄",就是思经过"悬置"与超越进入混沌状态。唯有这种"玄观"状态,才能打破逻辑概念思维所设立的一切框框,进而才能获得最大的想象空间和思的自由度,从而获得"顿悟"。可以说,品牌阴阳观的重点不在于描绘品牌的阴阳二质(附表 2.1 的左右两列),而在于从"万物负阴抱阳,冲气以为和"来"观"品牌,在于从品牌的"心"来"观"品牌,从而发现品牌之道(即附表 2.1 的中间一列)。

---

① 按照《易·系辞》"往来无穷谓之通",我们这里的"贯通"含有发展之义。

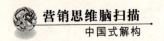

首先,我们从"万物负阴抱阳,冲气以为和"①来"观"品牌。

1."阴阳互根"、"万物负阴抱阳"——品牌之生。"一阴一阳谓之道",品牌之阴阳,缺一不可,品牌的关键不在于具有阴阳二质,而在于"阴阳互根"。"阴阳互根",按照《黄帝内经》的说法,是指"阳气根于阴,阴气根于阳。无阴则阳无以生,无阳则阴无以化。如果把阴当做品牌的有形部分,有形部分体现"徼";阳当做品牌的无形部分,无形部分体现"妙"②,那么品牌的有形部分要能反映无形部分,为品牌形象打下厚实的基础,而品牌形象要从卓越的产品功能自然而然提升,这样才能实现品牌的"玄"。品牌的"阴阳互根"是品牌建设的主要内容。

2."阴阳并济"、"阳亢阴实"而"冲气"——品牌之升。"阴阳并济"提示了具体产品(服务)品牌提升的方向。整体来说,有形的产品已经具备了"阴实"的基础,那么它的一个侧重提升方向,就应该进一步发展无形的"阳虚"的部分。即有形产品应该向"个性"、"文化"等无形的"阳"的方面发展。这里比较成功的案例在各个行业都有体现,如运动鞋行业的耐克紧紧围绕"成就感"来塑造品牌,如手机行业的诺基亚向"科技以人为本"的人文关怀发展,还有酒行业的"国窖1573"、"茅台国酒"向"历史文化"发展。那么本身已具有无形性的服务,就应该加强有形的东西。如沃尔玛强调"与顾客三米相见八颗牙齿"的微笑服务标准;再如麦当劳、肯德基特别强调汉堡包的制作标准。

品牌提升大方向是"阴阳并济",但具体到其提升过程,却是"阳亢阴实"。以我们现代的逻辑看来,这似乎是矛盾的。然而根据"大正若反",这确实是企业提升品牌的方式。"阳亢阴实"实际上指做品牌要"顶天立地"。怎样才能顶天,就是要有高的眼光,这样品牌才有发展空间。怎样才能立地,就是要脚踏实地,认

---

① "万物负阴抱阳,冲气以为和"来自老子《道德经》,这里指一切事物都有并存的阴阳两"气",这两"气"友好互动的结果叫"和","和"了才能"好"。

② "徼"和"妙"来自老子《道德经》,"故常无,欲以观其妙;常有,欲以观其徼。此两者同出而异名,同谓之玄,玄之又玄,众妙之门"。

认真真地做品牌,做好其细节,即"天下大事必作于细"。"阳亢阴实"还有另一种通俗的说法,即"眼高+手低"。"眼高"是指目标远大,有创立国际名牌的雄心和规划;"手低"是指一步一个脚印去做事,从一个微笑以及一个动作开始做起,不可太急功近利,不可以不择手段地打品牌,而要踏踏实实地做品牌。

  3."和"——品牌之健康。"和"才能健康。如果把品牌当做人,人健康时阴阳二气是平衡的,如果阴阳不能维持相互平衡,即阴阳失调,就会生病,要保持健康,品牌阴阳二质就要"和"。如果把品牌的有形部分的阴当做"名货",无形部分的阳当做"名牌",则名货为实,名牌为虚,然而它们必须互动而"和",而"和"才能创造健康的品牌。名货(可以)带来创名牌的机会,名牌要带来造名货的机会。名货要能直指向名牌,具有可提升的"美好联想"、"美好印象"。名牌要具有有形的实质,要拥有使消费者感觉得到的卓越的"效用层"。这样品牌通过互动而"和",实现老子所讲的"有无相生",才能健康、才能具有勃勃的生气。

  其次,从"心"来"观"品牌。

  "万物负阴抱阳,冲气以为和"能帮助品牌的创生、发展形成健康的具有生命灵气的品牌,然而有生必有死,那么企业怎样才能使品牌不朽呢?这里关键是在于品牌的"心","心"通过修炼,才能超越生死,才能有光环,才能不朽。整体来说,"心"要修"德";具体来说,要做到"心中有阴阳"。

  如附图 2.2 所示,品牌的"心"在阴阳交界处,启示我们做品牌要"仰不愧天、俯不愧地",要"抬头三尺有神明","心"中要有品牌的"天地",要诚和善。品牌的"心"处在阴阳之中心,启示我们做品牌要"内不愧心","心"中要有品牌的方圆,要心正。再如附图 2.2,如果品牌最外面的虚线圆圈代表品牌的光环,品牌是否能产生光环而不朽,关键在于品牌的心。品牌的"光环"是品牌内在美好心灵的涅槃,是品牌内在之德在人心的感召而生的"道"。天下自在"天下人"心中,品牌的"光环"也只在其忠诚客户的心中。这提示我们企业做品牌:品牌的"心",要能穿越阴阳,赢得天下人的心。品牌要能赢得天下人的心就必须"好",就必须"德高"望重,必须达到"德高鬼神惊"的境界。

　　总而言之,要达到品牌境界,就必须实现附表2.1中间一列的内容。即:企业要用阴阳观来"观"品牌,知品牌阴阳之"徼"和"妙",进而生品牌之"玄";通过阴阳互根、阴阳并济、阳亢阴实来"冲气"实现品牌之"和";要"发善念"来正确对待品牌的"实用"和"关系";要用"心正"来把握品牌之"交易"和"交情";要以"德"为基来承载品牌的"惠"和"优";要凭"义"来对待品牌的"利"和"名";充分满足消费者的"基本需求"和"精神需求",进而满足消费者的"圆满需求"。以上为基,赢得市场份额、情感份额,最终赢得天下的"道"份额,实现品牌的不朽。

The YIN-YANG GUAN of Brand

Zhifang Zhan[1], Hui Wang[1], Nan Zhou[2]

(1. JiangXi Normail University, NanChang;

2. City University of HongKong, Hong Kong

Abstract: How do Chinese companies build their immortal brand by learning effectively Chinese and Western theory of brand? It is essential to study the DAO of brand from the cultural source. This article studies brand from the perspective of the YIN-YANG GUAN. This article firstly reviews the western brand theory; and then discusses the YIN and YANG quality of brand; and finally, on this basis, explains especially the GUAN of YIN-YANG GUAN of Brand.

Keywords: Brand; The YIN-YANG GUAN of Brand

参考文献

[1] Philip Kotler, Kevin Lane Keller. Marketing Management [M]. Pearson Education, 2006.

[2] [美] 凯勒, 李乃和等译. 战略品牌管理 [M]. 北京:中国人民大学出版社, 2006.

中美营销差异剖析及其融合[①]

——基于象思维的营销框架

詹志方[1]，王 辉[1]，周 南[2]

（1. 江西师范大学,南昌；2. 香港城市大学,香港）

摘要：中方西文化的差异导致了中美营销的差异,而中美文化的差异主要源于思维差异。为了更好地融合中美营销,实现中西合璧,本文从思维之源——象思维——出发思考中美营销的融合,最后以象思维的经典《易经》为启发,构建了一个基于象思维的营销框架。

关键词：中美营销；文化差异；象思维

一、引言

改革开放的 30 年,是我们学习西方营销理论的 30 年,也是我们反思西方营销理论的 30 年。当今我们对西方营销理论和实践已有了一定的了解,然而,很多企业在实践中发现,西方营销理论运用到中国实践,常常"水土不服",能指导国外企业取得成功的西方营销理论似乎常常解决不了中国营销问题。面对此情此景,营销实践部门对西方营销理论的态度,由早期的迷恋和崇拜,转到中期的疑惑和反思,近年来甚至还出现了完全批判的情况。如路长全提出了"骆驼和兔子"理论[②],华红兵提出了"中国式营销",主张完全扬弃西方营销理论。在理论界,对中西方营销的差异一直有研究,如早年的营销标准化和本地化之争就对中

---

① 本文发表在《长沙理工大学学报》2011 年第 1 期。

② "骆驼和兔子"理论认为："西方的营销理论是针对国外规范市场的大公司的运作产生的,很适合国外大公司运作,但不一定适合中国的广大企业。国外大公司像骆驼,可以几天几夜不吃不喝,因而可以用西方的营销理论指导,能稳步做营销战略来持续发展。而中国的企业更像兔子,时刻需要解决生存问题。骆驼有骆驼的活法,兔子有兔子的活法,简言之,用骆驼的理论不能解决兔子的问题"。

西方营销差异进行了初步探讨,近年来,已有学者从不同的视角来探讨中西方营销差异。如有学者认为,"倘若只是继续简单地移植和改用西方的东西,舍本逐末,我们不但永远赶不上西方,而且还会丢失中华民族的文化精华"[1]。

理论和实践证明,中西方营销确实存在差异,我们将从文化和思维的视角剖析这种差异,然后对之融合,以实现中西合璧,以更好地指导中国营销实践。

二、文化差异和中美营销差异

从深层次来说,营销是文化。费孝通把文化称作人文世界,钱穆说文化是人生和历史,梁漱溟认为文化是"人类生活的样法"。这些观点既强调了人和文化的交互作用,更强调了文化巨大的影响力。由于文化对人的思想和行为有巨大影响,因此以消费者研究为重心的营销深受文化的影响,中西方营销的各种差异,都可溯源于中西方文化差异。

显然,美国可以看做是西方文化的代表,从营销学科来看,中西方营销的差异主要体现在中美营销的差异。我们用附表3.1展示了中美文化的差异,用附表3.2展示了中美营销的差异。

如附表3.1所示[2],中国文化的根基是黄河文化,主流是随后发展起来的儒家文化。中国人在为人处事上讲"情、理、法",社会活动的圈子以家庭为核心向外延伸,在人际交往中以感情为重,追求和谐,倾向于把社会当做大家庭,并"对上负责",最高境界是"天人合一"。相对地,笔者将美国文化的根基叫做五月花号帆船文化,主流是基督教文化。美国人在为人处事上讲"法、理、情",崇尚自由,崇拜个人英雄,认为人不分高低,在开拓和维持社会关系时注意保持以个人为中心。相对于传统的中国人而言,他们更看重个人得失,且在许多情况下用同样的方式处理家庭与社会事务。这一点在利益分配上表现得尤为明显,例如通过法律程序分配遗产。因此,笔者把中国称为情理社会,把美国称为法理社会。

附表3.1 中美文化差异

差异点	中国	美国
文化根基	黄河文化	五月花号帆船文化
主流文化	儒家文化	基督教文化
行为规范	情、理、法	法、理、情
处事重心	感情/和谐	利益/成功
人际关系	圈子/把社会当家庭	网络/把家庭当社会
个人目标	天人合一	个人英雄

由于中国人更看重人与人之间的感情交往和相信朋友的利益回馈,所以中国式营销更像情理营销或圈子营销(见附表3.2);在"有情才更有意"的前提下,许多营销人员根据"内外有别"的原则,到处找熟人,"攻心为上",发展缘分,花大量精力维持圈子里的人际来往。美国人则较看重利益往来,倾向于相信自己的力量和市场机制,美国式营销更像法理营销或关系、网络营销;在"无情也可有意"的前提下,营销人员常用"一视同仁"的眼光寻求市场机会,"攻城为上",交结伙伴,以此建立、维护和发展生意关系[3]。

附表3.2 中美营销差异

差异点	中国	美国
类型	情理营销	法理营销
前提	有情才更有(生)意	无情也可有(生)意
原则	先看人	看钱和合法性
重点	圈子关系	网络关系
策略	动之以情,攻心为上	晓之以"利",攻城为上

三、中美营销差异之融合和象思维

从上面的分析可以看出,中美文化差异导致了中美营销差异。因为当今中国市场既是全球化又是本土化的,所以在营销界,对待中美营销差异的最好办法应该是融合。然而怎样融合呢?有必要从文化差异的实质进行思考。

根据哲学界的有关研究,文化差异的实质是思维差异。在原始文明时代,中西文化有相同之处,起源于共同的思维——"象思维"[4],只是在后面的进化过程中，中国思维依然以象思维为主进化，主要发展为实质理性，而西方思维以逻辑形式思维为主进化，主要发展为形式理性。实质理性指向目的，具有模糊和思辨的特点，强调"顿悟"；而形式理性关注过程，具有精确和计量的特点，强调"逻辑"。具体而言，这两种思维在营销学科中就形成了美国的营销科学和中国的营销艺术。

显然，解决营销问题既需要科学又需要艺术。然而，怎么结合这二者，却又有不同的方式。在这里，根据《道德经》"反者道之动"[①]的启发，我们从中美营销差异的思维源头进行思考。我们认为，如果中西思维差异的源头存在一个统一的思维，那么站在这个角度去融合中美营销更合适。依据王树人等学者的研究[5]，中西思维产生差异之前确实存在着统一的思维："象思维"。

"象思维"是人类共有的本原性思维，其最初形态表现为前语言、前逻辑的思维[6]。"象思"之"象"，层面丰富深邃，主要可分两大层面，即形下层面与形上层面。人的嗅、听、视、味、触诸感觉之象，均为形下之象——具象。而超越此形下之象进入精神之象（例如意象、幻象等多层面），特别是进入老子所说的"大象无形"之象，即动态整体之象，乃是形上之象。可见"象思维"之"象"，除了指直观具象外，更主要指超越具象的精神之象。"象思维"的特征可用"观物取象"、"象以尽意"来形容。象思维强调"观"，因为"取象"与"尽意"都由"观"来实现。通常所谓观，指眼睛看，但"象思维"之观，则始于看之"观物"，而又必须超越之。如同老子所言："常无，欲以观其妙"；"常有，欲以观其徼"，并在"玄之又玄"中，开启"众妙之门"，或者"致虚极守静笃，万物并作，吾以观其复"。老子这里所谓"观其妙"、"观其徼"、"观其复"之"观"，都属于超越眼睛看那种直观而又处于不断超越之"观"，从而能进入体悟并与动态整体相通的"象思"活动。其中所谓"玄"，就是思经过"悬置"与超越进入混沌状态。唯有这种"玄观"状态，才能打破逻辑概念

---

① 反者道之动的"反"同"返"，指返回到"道"的本源——笔者注。

思维所设立的一切框框,进而才能在"物我两忘"中与动态整体宇宙一体相通,并获得最大的想象空间和思的自由度[6]。

从上面象思维的介绍来看,"象思维"最具有思的广度和深度,它能超越具象,动态把握整体和实质。我们认为以之为基础,能较好地融合中美营销。

四、基于象思维的营销框架

为了融合中美营销,我们以象思维为启发,选择象思维经典《易经》为指导,来构建营销之具象——营销框架,并对之进行"观"。

通常"易"从做事的角度①,可以分为三层:"变易、简易和不易"。为了表达这种深刻的思想,《易经》运用了典型的象思维,以"地、人、天"三个具象来展现道理(见附图3.1)。

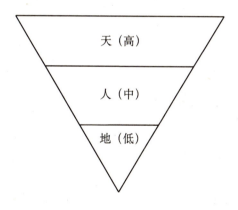

附图 3.1　天、人、地三层

从做事的角度来"观"附图3.1,地是变化的——地球上的万事万物是变化的,天是不变的——天体的运行规律是不变的,而"人"就处在"天"、"地"之间做"应变"管理。这样《易经》教给我们看万事万物分三层(低、中、高),具体到学科

---

① 这里并非从做人的角度,做人可以把附图3.1的三角形倒过来即为中国式管理的三层——笔者注。

理论也是这样。按社会学理论研究,理论可以分为具体理论、中层理论、高层理论。就管理学科,管理学科也可以分为三个层次:管理经验、管理科学、管理哲学。

就管理学科来说,是从各种各样变化的管理现象中形成管理经验(第一层:地),然后提炼出原则原理,形成管理科学(第二层:人),最后上升到管理本质的理解——管理哲学(第三层:天)(见附图3.2)。就营销来说,也是这样。具体的营销市场(地)是复杂多变的,然而营销的本质(天)是不变的,做营销就是要在不变与变之间找到简单的法则而应变(人)。这样基于《易经》"天、地、人"启发,结合"道、法、术"的象思维,我们把营销分成了营销之道、营销之法、销售之术三个层次,因而提出了一个基于象思维的营销框架(见附图3.3)。

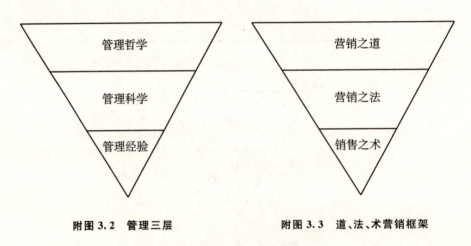

附图3.2 管理三层　　　　附图3.3 道、法、术营销框架

我们用象思维"观""道、法、术营销框架"。在该框架中,"销售之术"位于最底层,主要有产品、服务、价格、渠道、促销、政治、策划等内容。我们知道具体的销售之术是千变万化的,如销售水的渠道和销售水果的渠道就不同。

"营销之法"位于中间层次,主要讲营销战略,包括市场细分、企业市场调查、消费者行为分析、企业环境分析、目标市场的选择以及定位。这些东西需要精确衡量,仔细规划。我们主张多从西方的营销科学来构建我们的营销之法。营销之法给我们科学的形式来对付复杂的营销问题。

"营销之道"位于最高层次,主要是商道。我们认为应该从商业情理、商业思维来考虑营销之道的问题。商道体现在道理、道德、道路等方面,它们和价值密切相关,而价值是和人性密切相关的。因此,我们主张多从中国哲学"天人合一"的角度来考虑我们的营销之道。

我们认为,做营销应该依据"古为今用,洋为中用,中西合璧"的原则,融"天、人、地"三道,从高层的营销之道着手,随之做好营销之法,那么销售之术才能产生很大的力量。也就是市场营销不能仅仅从西方营销科学开始来讲营销,进而建立营销架构,而应该首先从高层次的企业营销之道开始。"道"正确了,才能成就大营销的格局。法正确了,才能有"水去之势"的科学力量。术正确了,才能有"入木三分"的效果。因此,在当今复杂多变的环境下做营销,要"中西合璧"而会通,做到"道、法、术"的统一而发展。

An Analysis of the Differences and Unity of Chinese and American Marketing
——a marketing framework on the basis of image thinking

ZHAN Zhi-fang[1], WANG Hui[1], ZHOU Nan[2]

(1. Jiangxi Normal University, Nanchang, Jiang xi 330022, China;

2. Hongkong City Univer sity , Hongkong)

Abstract: The differences between west ern and Chinese culture have resulted in the conflict s between Chinese and American marketing , while the cultural differences between China and American are mainly derived from the differences of thinking mode. In order to better harmonize Chinese and American marketing, and realize the dream of compensation between China and the west , this article avails itself of the source of thinking, i. e. , image thinking as

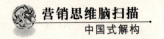

the starting point to consider the marketin gissuein concern. It attempt stoconstru cta marketing framework on the basis of image thinking under the in spiration of The Book of Changes, the classic work of image thinking.

Keywords:Chinese and American marketing;cultural differences;image thinking

参考文献

[1][2][3]周南.中国人美国人——剖析中美营销理论的文化基础[M].2008年中国营销科学学术年会论文集,2008.

[4][5][6]王树人. 文化转型与"象思维"之失[J].《杭州师范大学学报》,2008年3月.

参考文献

1. 安德森.免费:商业的未来[M].北京:中信出版社.2009.
2. 包政.战略营销管理[M].北京:中国人民大学出版社.2000.
3. 房西苑.资本的游戏[M].北京:机械工业出版社.2008.
4. 冯仑.野蛮生长[M].北京:中信出版社.2007.
5. 冯仑.理想丰满[M].北京:文化艺术出版社.2012.
6. 洪兵:孙子兵法与经理人统帅之道[M].北京:中国社会科学出版社.2005.
7. 江南春.另类解构屈原之死.钱江晚报.2006.3.9
8. 科特勒、凯勒合著的.营销管理[M].上海:格致出版社,2002年
9. 科特勒等.混沌时代的管理和营销[M].北京:华夏出版社.2009.5
10. 郎咸平.蓝海大溃败[M].北京:东方出版社.2008.
11. 李云:营销过程管理让策划落到实处[J].企业经济.2006.6.
12. 路长全.切割营销[M].北京:机械工业出版社.2008.5.
13. 史宪文.现代企划[M].北京:清华大学出版社.2011.
14. 魏杰.市场经济前沿问题[M].北京:中国发展出版社.2001.
15. 魏庆.经销商管理动作分解培训[M].北京:北京联合出版社.2011
16. 王建国.1P理论[M].北京:北京大学出版社.2008.
17. 王建四.服装应该这样卖[M].北京:北京大学出版社.2007.
18. 王树人.回归原创之思:"象思维"视野下的中国智慧[M].杭州:浙江人民出版社.2005.
19. 叶万春.企业营销策划[M].北京:中国人民大学出版社.2004.
20. 于春海译评.易经[M].长春:吉林文史出版.2006.

21. 张其成.《易经》感悟[M].南宁:广西科学技术出版社.2007.

22. 张利.新营销[M].北京:新华出版社.2006.

23. 曾仕强中国式管理[M].北京:北京大学出版社.2006.

24. 詹志方、薛金福.中国式营销[M].北京:世界图书出版社.2011.

25. 詹志方、王辉.简论营销策划的三个层次[J].长沙理工大学学报.2007.4.

26. 詹志方、王辉、周南.品牌阴阳"观"[J].长沙理工大学学报.2009.4.

27. 詹志方、王辉、周南.中美营销差异剖析及其融合——基于象思维的营销框架[J].长沙理工大学学报.2011.1.

28. 周南.中国人美国人——剖析中美营销理论的文化基础[M].2008年中国营销科学学术年会论文集.2008

29. MBA智库.http://wiki.mbalib.com/wiki/%E8%BD%AC%E5%9E%8B

30. 八方营销学院网站.转型营销和营销转型.http://xueyuan.b2b168.com/main/market/19683.aspx

31. 百度百科.http://baike.baidu.com/view/2780.htm

32. 大菜的博客:http://blog.sina.com.cn/s/blog_4ab35d0b010083vw.html

33. 李志起.对赌协议"注定中国企业家的大败局.http://www.tianya.cn/publicforum/content/develop/1/197367.shtml

34. 刘军.什么是反定位.http://vip.book.sina.com.cn/book

35. 唐霁刚.身无分文的直销生存录.营销传播网.2004.3.http://www.emkt.cn/article/173/17385-2.html

36. 王唤明:反思我国策划业现状,中国营销咨询网

37. 詹志方哈佛商业评论文章:以《中国式营销》看UFO.http://club.ebusinessreview.cn/blogArticle-28805.html

38. 詹志方.学大师理论的一个"前提",第一营销网.http://www.cmmo.cn/home.php?mod=space&uid=477153&do=blog&id

39. 詹志方、王辉.用商业模式来营销.第一营销网.http://www.cmmo.cn/home.